Q&Aでわかる
葬儀・お墓で困らない本

Himon-ya Hajime
碑文谷 創

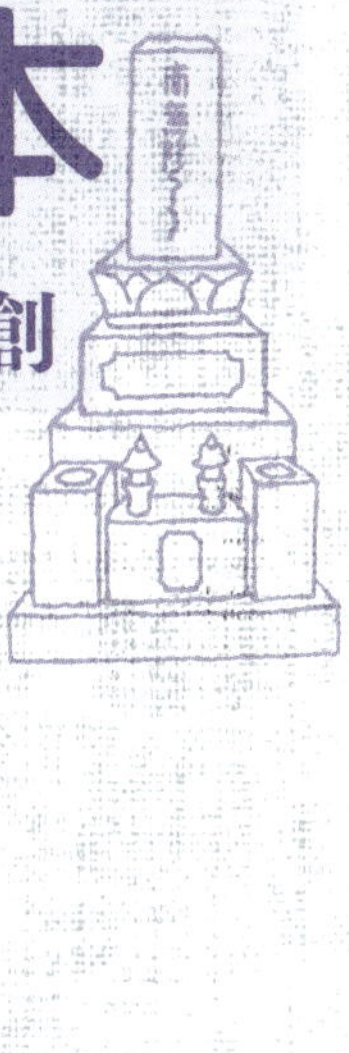

大法輪閣

Q&Aでわかる
葬儀・お墓で困らない本

目次

第三章　葬儀の種類Ｑ＆Ａ

※本書のうち第一章Q１・Q２・Q９・Q17、第二章Q１・Q５、第三章Q１、第五章Q１・Q２、第六章Q1は、日経BP社インターネット配信〈日経BPネット〉の「セカンドステージ冠婚葬祭講座」（http://www.nikkeibp.co.jp/style/secondstage/）を初出とするものです。

●装幀……福田 和雄（FUKUDA DESIGN）

序章

お葬式を知るために

お葬式とは何か

▼お葬式はなぜするの？

北イラクにシャニダール遺跡というのがあります。これは約4万年前のネアンデルタール人が残したものです。そこに共同墓地があり、人骨の周辺から花粉が発見されました。

このことから、死者を葬《ほうむ》るに際して花を供《そな》えていたこと、何らかの弔《とむら》いの行為を行っていたのではないかと推定されます。

つまり人類は有史以来、人の死にあたって葬儀を行ってきたのであり、人の死は葬儀を必要としてきたと言えるでしょう。

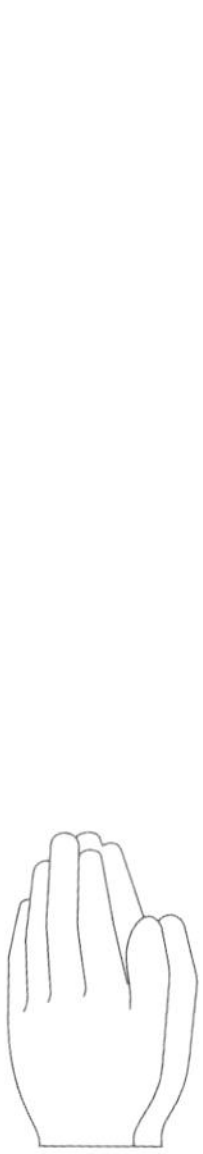

家族や身近な人との〈死別《しべつ》〉というのは、体験するとわかるのですが、想像する以上に精神的に大きな出来事です。強いダメージを与える出来事です。

死は、天寿をまっとうしての死ばかりではありません。長い苦痛を伴った療養の末の病死であったり、突然の事故死・災害死であったり、はては犯罪に巻き込まれた死であったり、心の病の結果としての自死であったり、戦争での死であったり、それはさまざまです。

その死が囲む人間関係も多様ですから、それぞれの生が独自であるように、一つとして同じ死はありません。

その固有のいのちが喪《うしな》われるということは、死にゆく人だけではなく、遺《のこ》される人にも固有の深い喪失を、悲嘆をもたらします。この死・喪失によってもたらされる悲嘆が葬式という行為を促《うなが》し、その悲嘆のプロセスが葬式そのものの内的なプロセスとなっているのです。

葬式には、その他の機能もあります。

・地域や社会の中で生きてきた人の死を社会的に告知し、認知すること
・死後間もなく発生する遺体の腐敗から死者の尊厳を守るために埋葬ないし火葬に処すること

・死者の魂をあの世へきちんと引き渡すこと

などです。

特に死者の魂の行方《ゆくえ》については心を砕き、このため宗教儀礼が大事に営まれました。死者の魂の行方とは、同時に遺された人が死を事実として受け入れ、死者の魂を大切なものと認識し、故人亡き後の自分たちの生き方について考えることでもあったのです。

葬式は死者を忘れるためにあるのではありません。故人の一生を閉じるための大切な営みであると同時に、遺された人が故人のいのちを引き継いで生きるための準備を促す機会でもあるのです。

別な言い方をすると、葬式を営むということは、二つの「ソウ」から成ります。一つは亡くなった人を喪って悲しむ「喪」であり、もう一つは遺体を処理し葬る「葬」です。

死別を悲しむことは人間として極めて自然な感情ですし、遺体を葬ることは遺された者の当然の責務です。

だから、

「お葬式はなぜするのか?」

ではなく、

「人の死はお葬式を必要とする」

と言うべきでしょう。

▼お葬式はどうあるべきか？

特に１９９５年以降、お葬式は大きく変容しました。多様化したと言ってよいでしょう。キーワード的に挙げるなら、

・個性化
・こぢんまり化
・自宅離れして斎場《さいじょう》（葬儀会館）での葬儀に
・地域コミュニティの葬儀から個人化

といった現象です。

しかし、葬式の形態がいかに変化しても、大事にされなければいけないことがあります。ここ

では二つあげておきましょう。

その第一は、故人との別れを充分に行うということです。愛する者の死は心に受け入れ難《がた》いものです。死者と向き合い、触れて、それまでの死者と自分との関係、思い出、自分にとってどういった存在であったかを考え、時間をかけてお別れすることです。家族がこのお別れを充分にすることが何よりも大切です。

第二は、家族がお葬式に参加することです。どの写真が故人らしいかと遺影《いえい》を選ぶ、死化粧《しにげしょう》に参加し、旅立ちを整える、納棺《のうかん》を自分たちで行う、通夜《つや》で家族が分担して死者を守る、故人にふさわしい花や音楽を選ぶ、会葬礼状《かいそうれいじょう》に自分たちの死者への想いを書く……やれることはたくさんあります。遺族が弔いの主体であることを忘れないことです。

▼これからのお葬式

戦後のお葬式が、とかく祭壇《さいだん》を大きくするといった外面を飾り立てること、遺族の悲しみよりも会葬者に失礼のないようにという気遣いを優先しがちであったことは反省すべきでしょう。

しかし、「簡素に」という主旨はいいのですが、安易に、手軽に、処分するがごときに行われる傾向が見えるのは心配です。

人間のいのちは重く、お葬式はその人生を集約したものとしてあります。厳粛《げんしゅく》に心して営む必要があるでしょう。参加する人それぞれが、いのちについて具体的に感じ、考える時、それが葬式であるべきでしょう。

《図表》葬儀全体の流れ

臨終と看取り

・最後に会わせたい人がいれば連絡する。
・家族がそろって最期の別れをする。
・医師による死亡の判定
・看取った人が末期の水（死水）をとる。
・看護師に死後の処置（清拭・エンゼルケア）をしてもらい身体を清め、着替える。
・葬儀社に連絡し、遺体の搬送を依頼する。
・医師より死亡診断書を受け取る。

遺体の搬送と安置

・遺体を自宅（または葬儀会館）へ寝台車で移送する。
・遺体を安置し、枕飾りをする。

枕　経

・檀那寺の僧侶に連絡する。
・枕経を勤める。
・このとき家族は服装はそのままでよいので枕辺に集う。

葬儀の打ち合わせと連絡

・本人の生前意思を確認する。
・喪主を決定する。
・家族の故人への想いを確認する。
・葬儀のタイプ・規模・予算について家族で方針を決める。
・宗教者と相談する。

・葬儀社を呼び、方針を伝え、見積書を依頼する。
・葬儀社からの見積書・提案の説明を受け、納得するまで話し合う。
・葬儀の日程と場所を決定。
・葬儀通知書を作成し、関係先に連絡する。
・死亡届を役所に提出し、火葬許可証を得る。

納　棺

・死装束を選び、着替えを行う。
・納棺する。
・死化粧を施す。

準　備

・連絡先に遺漏がないかを確認する。
・料理・返礼品の内容・数量の確認。
・供花・供物の取り扱いの確認。
・挨拶・弔辞・弔電の扱いを打ち合わせる。

・葬儀社と進行の段取りを確認する。
・お手伝いの人、依頼内容の確認。

通　夜

・弔問客の受付。
・僧侶の出迎え・接待・段取りの打ち合わせ。
・通夜を勤める。
・必要に応じて弔問客に料理等を振る舞う。
・近親者で故人を囲み、ゆっくりとお別れの時間をもつ。
・葬儀社と葬儀の段取りの確認をする。

葬　儀

・葬儀社と段取り・飾り付けの確認をする。
・参列者・会葬者の受付。
・葬儀を勤める。
・参列者・会葬者の焼香に対し答礼する。

・遺体との最期の対面である「お別れの儀」をもつ。
・柩を閉じる。
・遺族代表が会葬者へお礼の挨拶をする。
・火葬場に向けて出棺。

火葬

（※地域により、葬儀あるいは通夜に先立ち火葬をする習慣があります）

・火葬場にてお別れ。
・火葬の間、待機。
・火葬終了後、遺骨を拾う骨上げを行う。
・火葬場を後にする。

還骨法要・初七日法要

・遺骨を安置する。
・還骨法要と初七日法要を併せて営む。
・関係者で慰労の会食をする。

第一章

葬儀の運営Q&A

Q1

「葬儀の運営」の基礎知識①

葬儀とは、どのように執《と》り行うものなのでしょうか？　また実際の葬儀の現場は、どのようなものなのでしょう？　基本的な事柄について教えて下さい。

（36歳男性）

A

お葬式を、私はかつてこう定義しました。

「葬式とは人の死を受け止める作業である」（『「お葬式」の学び方』講談社）

家族や親しい友人が死んで、葬儀は営まれます。だから葬儀は平静な状態で行われるものではありません。混乱、錯乱、深い喪失感と悲嘆の中で執り行われます。そこで平静で客観的でいられる人は、死者とあまり親しくない第三者だけなのです。

以下に、葬儀の大まかな流れと、注意すべきポイント等を述べます（本書16～20ページ掲載の「葬儀全体の流れ」の図表も、合わせて参照して下さい）。

▼葬儀社を呼ぶ前に、葬儀の大まかな方針、宗教、予算を決めておく

いま、ほとんどの人が最期《さいご》を病院で迎えます。医師が死亡を判定すると、看護師が点滴の器具等を取り外します。看護師が湯呑《ゆの》み茶碗《ぢゃわん》に水を入れ、綿棒《めんぼう》を用意すると、最期を看取《みと》った家族が一人ずつ水を浸《ひた》らせた綿棒で死者の唇を潤《うるお》します。これを「末期《まつご》の水」あるいは「死水《しにみず》」と言います。

家族の別れが済むと、看護師等の手で死後の処置が施《ほどこ》されます。全身を清拭《せいしき》し、胃の内容物を取り出し、身体の穴という穴は脱脂綿《だっしめん》で保護し、傷口等は包帯で覆われます。爪を切り、男性の場合は髭《ひげ》を剃《そ》り、女性の場合には薄く化粧をし、髪を梳《す》かし、新しい浴衣《ゆかた》に着替えさせます。

遺体は病室からストレッチャーで霊安室に移され、待機します。葬儀社（24時間営業している）を手配し、寝台車で遺体を自宅等に搬送《はんそう》します。葬儀社を決めていない場合には、とりあえず病院出入りの葬儀社に自宅への搬送だけを依頼します。病理解剖する場合には、それが済むまで病院に待機することになります。

移送する前に決めておいたほうがいいのは宗教です。遺体の安置の仕方が宗教によって異なるからです。

自宅に遺体を安置した後は、遺族の時間です。遺体を囲んでお別れします。遺族には大きな仕事が待っています。それはどのような葬式を行うかを決めることです。故人の意思はどうか、遺族それぞれの考えはどうか、話し合って方針を決めます。親しい宗教者がいれば、連絡して意向をたずねます。葬儀社を呼ぶ前には葬儀の大まかな方針、宗教、予算を決めておきます。どれを遺影《いえい》写真として使うかも決めます。

葬儀社との打ち合わせを行い、日程、規模、場所、コンセプト、費用を決めます。事前に準備しておかないと、当事者は混乱の中にありますから、思わぬ方向に話が進むこともあります。

葬儀の日程、場所が決まれば、親戚や関係者への連絡をします。葬儀社が訃報《ふほう》の様式を用意しているので、これに書き込み、ファックスやメールで連絡します。

葬儀の日程は家族が遠隔地《えんかくち》にいるか、火葬場の休業日にあたらないか、宗教者の都合によって決まります。死亡当日は家族だけで遺体を守り、翌日に納棺《のうかん》（場合によっては通夜《つや》も）、3日目（2日目）に通夜、4日目（3日目）に葬儀、火葬となるのが一般的です。東北地方等では葬儀に先立って火葬をすることがあります（骨葬《こっそう》と言います）。

▼納棺・通夜・葬儀・火葬の実際

納棺する際には、仏教では仏衣《ぶつい》に着替えさせますが、最近では本人らしい衣装も好まれる傾向にあります。

近年は、通夜への会葬者《かいそう》数が、葬儀への会葬者数を上回る傾向にあります。そんなこともあり、遺族は通夜から喪服《もふく》を着用します。会葬者が多く、遺族はその応対にしばしば追われがちですが、故人と別れる最後の晩ですから、まずお別れに気持ちを集中するべきでしょうし、そうしてかまいません。葬式の不義理はお互い様です。

最近の葬儀は、大体1時間程度で終わります。遺族席は祭壇に向かって右側前方。故人をあの世へ送る大切な儀式です。通夜でもそうですが、遺族は会葬者に先立って焼香《しょうこう》（または献花《けんか》）をします。

すべての会葬者の焼香（献花）が終わると、棺《ひつぎ》が前に出され、蓋《ふた》を外して最後のお別れをします。花を遺体に添《そ》えます。このお別れの儀は近親者だけで行う場合と参列者にも呼びかけて行う場合とがあり、これは遺族の意向によります。

出棺を前にして遺族代表が挨拶《あいさつ》。霊柩車《れいきゅうしゃ》、マイクロバスを連ねて火葬場に向かいます。このとき、喪主《もしゅ》は霊柩車の助手席に位牌をもって乗ります。火葬場では火葬に先立ち遺体にお別れし、火葬される間、控室やロビーで待機します。火葬が終了すると骨上《こつあ》げ（拾骨《しゅうこつ》）。関東では全骨、関西では一部の骨を拾うという習慣の違いがあります。

火葬が終わると用意された会場に移動し、法要を行い、親族、関係者で宴席をもちます。お世話になったお礼ということで、遺族は末席に座り、喪主がお礼の挨拶をして始めますが、皆が精神的に疲労していることもあり、1時間程度で切り上げます。遺族は自宅に戻り、遺骨を葬儀社が設《しつら》えた後飾り壇に安置します。

すべてを終えると、虚脱《きょだつ》感、寂しさ、精神的疲労で口もききたくなくなるほどです。そして本当の悲しさ、心の傷《いた》みはこれから始まるのです。

Q2

「葬儀の運営」の基礎知識②

家族の誰かが死亡したとき、その死後の事務処理や、葬儀後にやるべきこと等について、知っておくべき基本的な事柄や注意すべきポイント等を教えて下さい。（36歳男性）

A　前項と同様、死後の事務処理の大まかな流れと、注意すべきポイント等を述べます。

人が死亡してすぐに遺族が行うべきことに、「死亡届《とどけ》」の提出があります。死亡の事実が判明して7日以内に行います。役所は24時間受け付けています。

死亡届には、死亡診断書（死体検案《けんあん》書）を添付します。死亡届の役所への提出作業は、葬儀社が代行してくれます。

▼分骨する際は火葬証明書を複数もらうこと

死亡届の提出後に火葬許可申請書を提出し、火葬許可証を交付してもらいます。火葬許可証は火葬時に火葬場に提出しますが、火葬終了後、火葬済み印を押して返却されます。これは納骨《のうこつ》時に墓地管理者に提出します。分骨《ぶんこつ》する場合には、火葬場から分骨の数分の火葬証明書（分骨証明）を得て、分骨先の墓地管理者に提出します。

お葬式の後というのは、しばしば遺族は深い疲労感に襲われます。しなくてはいけないことがいろいろありますが、家族で手分けをしてするようにしましょう。

まず、各方面へのお礼があります。お世話になったお寺、お手伝いして下さった方、生前に故人が特にお世話になった方、供花《きょうか》・供物《くもつ》をいただいた方へ、直接うかがったり、電話をしたり、あるいは手紙でお礼をします。

▼埋葬料は2年以内に請求しないと無効

次に香典返《こうでんがえ》し。いまは葬儀当日にお返しする即《そく》返しもありますが、正式には四十九日《しじゅうくにち》の法要を終えて、その報告とともにお返しの品物を贈ります。即返しをした場合でも特にお世話になった方、香典をたくさんちょうだいした方へはここでお礼をします。香典返しの目安は、いただいた香典の3分の1（三分返し）～2分の1（二分返し）です。

もっとも、お返しに替えてNGOやボランティア団体、福祉事業に寄付することもあります。その場合はお礼の挨拶状《あいさつじょう》に使途を記します。

故人の持ち物の整理もあります。運転免許証等の証明書、クレジットカード、通帳や登記簿の整理をします。クレジットカードは解約届をカード会社へ提出し，会社の身分証明書等は発行元へ返還します。勤務中の場合には勤め先の物は返還し、勤め先にある私物は引き取ります。

故人が日常使用していた物で引き続き使用できる物、自分たちには使い道がないがリサイクル品、救援物資としては活用できる物、不用品と区分します。故人との思い出になる品物は、捨てるのではなく、記念としてもっておくといいでしょう。

健康保険の葬祭費は5万円です。2年以内に請求しないと無効になります。また、生命保険に入っていたときは保険会社に支払い請求をします。一般的には、保険証券のほか死亡診断書（死体検案書）、死亡事実が記載された故人の戸籍抄本《こせきしょうほん》、受取人の戸籍抄本、印鑑証明《いんかんしょうめい》等が必要です。

▼年金の手続き、確定申告なども忘れずに

故人が世帯主の場合には、14日以内に世帯主変更届を提出し、電気・ガス・水道・借家は名義変更を行います。公共料金や賃料がこれまで銀行自動引き落としであった場合には、引き落とし口座を変更することを忘れないようにしましょう。

国民年金、厚生年金の手続もします。遺族基礎年金等が受給できることがあります。

故人が自営業を営むなどして確定申告が必要な場合には、死後4ヶ月以内に確定申告をします。また、年間の医療費実費（健康保険や生命保険で補填《ほてん》された分を除く）が10万円（年間所得が200万円未満のときは5%の金額）以上のときは、10万円を超えた分（限度額200万円）が医療費控除《こうじょ》の対象になります。医療費には死亡日までに医療機関に支払った金額のほか通院費も含まれます。

大きな問題に遺産相続があります。まず相続財産を確定する必要があります。土地・家屋《かおく》等の不動産、株等の有価証券、貯金、現金、家財のほか貸付金も含まれます。死亡退職金や生命保険金も見なし相続財産となり、3年以内にあった贈与も含めます。

墓や仏壇・神棚の祭祀《さいし》財産は控除されます。その他控除できるのは葬式費用、公益《こうえき》法人への

【葬儀後にすること】

《事務処理》

- ●健康保険の埋葬料や国民保険の葬祭費の請求
- ●年金の手続き
- ●生命保険の請求
- ●世帯主変更届
- ●クレジットカード等の解約
- ●証明書の返却
- ●電気、水道、賃貸住宅等の名義変更
- ●所得税の確定申告
- ●遺産分割協議
- ●相続税の申告と納付

《生活の整理》

- ●寝具等の処分
- ●持ち物の整理
- ●形見分け
- ●思い出の品の保管

寄付、借金（債務）です。生命保険と死亡退職金はそれぞれ500万円×法定相続人数が控除できます。さらに基礎控除があり5000万円＋（1000万円×法定相続人数）です。この結果、課税価格の総額が基礎控除に満たないときは相続税の申告（10ヶ月以内）は不要です。

相続は遺言による分割、法定相続人の協議による分割があり、協議が調《ととの》わなかったときは家庭裁判所で分割してもらいます。

法事は一周忌までには四十九日までの7日ごと、百ヶ日《ひゃっかにち》があります（本書第六章参照）。

書き出すと葬儀後の事務作業は、大変な作業量です。専門家に頼む等して、体調に注意して行いましょう。

Q3

葬儀の費用はいくらかかる？

母が90歳を超し、だいぶ弱ってきました。いざというときのために、いくら現金を用意しておいたらよいか、心配しています。葬儀の費用とは、いくらかかるものなのでしょうか？「葬儀が30万円で」という新聞チラシを見たことがありますが、一方で「300万円かかる」という話も聞きましたが……。

（62歳女性）

A かつて葬儀費用は「葬儀の当日現金払い」と言われていましたが、葬儀社の支払いについては、葬儀の翌日あるいは翌々日に請求書の提出を受け、月末あるいは翌月に現金もしくは銀行振込で支払うという形式が多くなっています。

▼当座の出費は

葬儀後数日以内に現金払いが必要となるのは、寺院へのお布施《ふせ》です。

また、親族の食費、火葬料金など、これとは言えない「その他」のお金が出ていきます。

お布施については、お寺と檀家の関係ですから、一般に15万〜80万円と幅があり、いちがいにいくらとは言えません。ご家庭の事情に合わせて、精一杯のことをなさればいいでしょう。

「その他」の費用は、葬儀の仕方によってもかわりますが、意外とかかるものです。10万〜20万円は用意されておくとよいでしょう。

ですから当座の出費は、地味にすれば20万円程度となりますし、少し規模を大きくすれば100万円程度必要です。

しかし、弔問客《ちょうもんきゃく》からいただく香典《こうでん》もあります。これも考慮することができます。

▼総費用は

葬儀費用は、葬儀社への支払い、寺院へのお布施（宗教者へのお礼、宗教者をよばなければかかりません）、飲食接待費用、その他の費用と分けられます。

直接の葬儀費用ではありませんが、香典返しの費用もあります。

総費用は、葬儀の規模によって変わります。地味に行えば、総額で80万円以内ということも充分に可能です。

平均的には２３０万円という数字がありますが、実態はバラバラです。２００万円以下が6割を占めています。比較的に大きくすれば３００万円以上にもなります。

しかし、香典収入を見込めば、ご遺族の負担の総額は、大規模に行わなければ10万〜１００万円の幅に収まるでしょう。


なお、「葬儀が30万円で」という広告も見受けられますが、あくまで葬儀社に対する費用です。しかも基本料金だけということが多いのです。そこには何の費用が含まれ、何の費用が含まれていないのかを確認する必要があります。

最近では事前に相談にのってくれる葬儀社が多いので、一度葬儀社に出向き、どういう葬儀をしたいのかを話し、見積もりをとっておくとよいでしょう。葬儀社以外の費用についても、あるいは地域の慣習についても、わからないところを率直に相談しておくのがよいと思います。

Q4

病院付きの葬儀社について

私には知り合いの葬儀社がありません。父が入院中ですが、亡くなったときには、病院付きの葬儀社が、お葬式を執《と》り行ってくれるのでしょうか？

（58歳女性）

A　できれば事前に葬儀社を数社あたって、信頼できる葬儀社を選んでおくのがいちばんです。こちらの希望に応えてくれて、納得できる説明と見積書《みつもりしょ》を出してくれるかどうかが選ぶ決め手です。

事前に葬儀社を選んでおけば、亡くなったときに電話をすればその葬儀社が病院まで来てくれます。

▼相談し、希望をハッキリと言うことが大事

準備ができない状態で亡くなったときには、まず病院と契約している葬儀社に自宅までの搬送《はんそう》をお願いします。搬送を依頼することが、葬儀までを依頼することにはなりません。

そして落ち着いてご家族で相談して、どんな葬儀にしたいのか、規模は、会場は、予算は……といったこと等を決めて、葬儀社に改めて来てもらい、相談します。

方針を決めることとなしには、葬儀社との話し合いはうまくいきません。後に悔いを残すことにもなります。

葬儀社としても、家族の希望がハッキリしていないと、どのようなサービスを提供したらいいのか悩みます。

もし話をしてみて納得できなければ、別の葬儀社を呼びます。

気をつけたいのは、安ければいいというわけではないということです。納得できるサービスと予算に合った価格かどうか、確かめてから契約しましょう。

Q5

よい葬儀社の選び方は？

父が病床《びょうしょう》にあり、医師に「覚悟をしておくように」と言われました。88歳ですので、年齢には不足はありません。引っ越してきたばかりで、近所に知り合いの葬儀社がありません。どういう点に気をつけて選べばいいでしょうか？
（58歳女性）

A まず葬儀社がどこにあるかですが、『タウンページ』（電話帳）の「葬祭業」の項目を開きます。そこでご近所にある葬儀社を調べることができます。エリアは車で30分程度の範囲内を目安にするといいでしょう。この際、広告の大きさは無視しましょう。

いくつか選び、まず電話をしてみましょう。

「父が危ないので、葬儀の相談にのっていただけますか」と尋ねます。それに対して、

「亡くなったら電話下さい」

と応えるようであったり、不親切な対応のところであれば、リストから除外します。

電話の応答で、こちらの身になってやってくれそうなところであれば、実際に店を訪ね、相談しましょう。そのとき訪問する日時を予約します。

訪問したら、事情を話して、葬儀の希望があればそれも話します。予算の目安も伝えます。

このとき、相手がこちらの話をきちんと聞いてくれるかが、最も重要なポイントです。こちらの話もろくに聞かないで、どんどん話を先に進めるようでしたら、その葬儀社に依頼することはやめたほうがいいでしょう。

相手の説明の仕方も選ぶ重要なポイントになります。わかりやすく、ていねいに説明してくれるかが重要です。また、こちらの希望をきちんと受け止めてくれるかも大切です。

▼安心できる葬儀社を選ぼう

斎場《さいじょう》（葬儀会館）での葬儀を希望するならば、その位置、写真、見取り図、料金の確認も忘れずにしましょう。

生活者の身になれば、きちんとした知識と技量をもった専門家に頼みたいものです。そのためには葬祭ディレクターの資格をもった人が担当してくれるかを確認する必要があります。「葬祭ディレクター」とは厚生労働省認定葬祭ディレクター技能審査の試験を受けて合格した人を言います。資格をもっている人は葬祭ディレクター技能審査協会発行の写真付きのＩＤカードをもっています。

最後に見積書を発行してもらいます。会葬者数の目安を80人とか具体的な仮の数字を出し、かかる費用のすべてを出してもらいます。飲食に関わる費用も出してもらいます。霊柩車《れいきゅうしゃ》、火葬場にかかる費用も忘れないで。

宗教者へは葬儀社経由でなく直接お礼するものですから、それはこの見積書には含まれません。しかしお礼の金額の目安がわからないときには相談にのってくれるはずです。

――以上のような手順を踏んで、安心できるなと思ったならば、そこに依頼します。選ぶのに手間がかかると感じるかもしれませんが、葬儀の規模が大きい小さいにかかわらず、故人をご家族が心をこめて送るためには、いい葬儀社を選ぶことが大切なことです。

Q6

菩提寺が遠方にあるが……

菩提寺《ぼだいじ》が遠方にあるのですが、地元で葬儀をする際には、どのようにしたらいいでしょうか？
（60歳女性）

A

菩提寺があれば、たとえ遠方であっても、まずその菩提寺にお願いするのが原則です。

多くの場合、日程さえ合えば、菩提寺のご住職に来ていただけます。その際には、通常のお布《ふ》施《せ》に加えて、宿泊費、交通費を負担することは当然です。

菩提寺のご住職のご都合がつかない場合には、菩提寺から地元のご僧侶をご紹介いただくといいでしょう。

万一、適当な方をご紹介いただけないときには、ご住職のご了解を得て、葬儀社に同じ宗派の僧侶を紹介してもらうことは可能です。

紹介された僧侶に依頼する場合、戒名《かいみょう》（法名《ほうみょう》）を事前に菩提寺からお送りいただくか、葬儀の際には俗名《ぞくみょう》（本名）のまま済ませて、後日、納骨《のうこつ》の際に菩提寺のご住職につけていただくかになります。

Q7
祭壇は必要か？

昨年父を送りましたが、そのとき迷ったのが祭壇《さいだん》でした。結局、袖《そで》のついた中クラスの祭壇を選びました。母のときはどうしようかと悩んでいます。「いらない」という選択もあるのですか？

（55歳女性）

A　お葬式というと、祭壇を見せられ、どの祭壇を選ぶかでセット方式になっていることが多いです。お葬式に詳しくない場合には、気に入った祭壇があり、値段も手ごろであれば、セット方式を選ぶと必要なものが揃っていて、便利かつ安くなるケースが多いようです。

しかし、気に入った祭壇がないときは、提案してみるのもいいでしょう。例えば、

「このBセットから祭壇を取り除いて、棺《ひつぎ》を母の好きだったユリの花籠《はなかご》4つくらいで囲んでもらえませんか」

というふうに。気の利《き》いた葬儀社さんならば、きっとあなたの希望を入れて、その他必要な用品を組み込んで、見積もってくれるはずです。

▼棺や写真等も選べる

セットになっていても選べるものは祭壇以外にもあります。

まず棺です。材質や形、彫刻のあるなし、また布張棺《ぬのばり》もあります。写真を見せてもらって、「この彫刻棺を布張棺にしたらいくらになりますか」と聞いてみるといいでしょう。

その他、写真のモノクロかカラーか、大きさ、額といろいろ選択肢があります。

選ぶのは消費者の権利ですから、祭壇、棺、写真、お花などについては希望があれば申し出て選んでいいのです。

良心的な葬儀社でしたら、希望をいやがらずに聞いて、それに合わせて見積もってくれるはずです。

なお仏教で葬儀をする場合、僧侶の前の、香炉《こうろ》、燭台《しょくだい》、花立てを置く前机《まえづくえ》は必要となります。

このように、宗教儀礼では欠かせないものもありますので、その点は葬儀社の方におたずね下さい。

Q8

「斎場」とは何か

最近は新聞で「葬儀は斎場《さいじょう》で行う時代に」とか書かれています。自宅では葬儀をしなくなったというのですが、どんなところなのか教えて下さい。（35歳女性）

A 「斎場」というのは「葬儀を行う場所」という意味です。「葬儀会館」「葬儀式場」とか、あるいは横文字で「セレモニーホール」などと言われることもあります。

斎場には公営、寺院など宗教法人が経営するもの、葬儀社など民営のものとあります。経営主体により使用料も異なります。

また、斎場により設備の内容が異なります。式場だけの使用である場合もありますし、親族が仮眠でき、中には浴室や簡易キッチンを備えたところもあります。また、葬儀後の会食ができる部屋を用意してあるところもあります。

サービスも違ってきます。場所貸しだけというところから、寝具・食器などの道具を貸し出すところ、一流ホテル並のきめの細かい相談・サービスを含む必要な設備一切を備えたところ、といろいろです。

▼「通夜は自宅で、葬儀は斎場で」もアリ

ご自宅で葬儀をするとなると、自宅の広い・狭いもありますが、遺族、特に女性の遺族の負担になるというので、最近は自宅ではなく斎場で、という動きになっていることは事実です。しかし、同じ「斎場」と言っても、使用料、設備、使い勝手、サービス、といろいろ異なりますので、パンフレットを取り寄せる、実際に見学する、利用者の評判を聞く、などして、確かめるといいでしょう。

「自宅から送ってあげたい」という人は無理に斎場を利用する必要はありません。通夜《つや》は自宅で、葬儀は斎場か寺で……という利用法もあります。

また、火葬場のことを「斎場」と呼ぶところもありますので、要注意。

Q9

「エンバーミング」とは何か

エンバーミングという言葉をよく聞きますが、これはなんなのでしょう？（36歳男性）

A エンバーミングは、アメリカでは約8割の遺体に施《ほどこ》されている処置ですが、日本にも1988年にその技術が入ってきて、2007年には、年間1万6000体以上に処置されています。まだ全国で30施設しかないので、どこでもやれる処置でないのは残念です。

▼痩せた遺体を元気なときの状態にまで復元

エンバーミングというのは、遺体に対する消毒殺菌・顔の整え・防腐・修復・化粧の処置のことを言い、日本語では「遺体衛生保全」と訳されています。

エンバーミングがアメリカで普及したのは南北戦争のとき、戦死者を遠隔地《えんかくち》の故郷に輸送《ゆそう》するのに、遺体が腐敗するのを防止するために行われ、戦争直後に暗殺されたリンカーン大統領の遺体にも施されて人気が出て、普及し、いまでは北米では一般的な遺体処置となっています。

エンバーミングは通常2〜3時間の処置で2週間程度は安全に保全することができます。もっと長期に保全することも可能です。安全に保全するというのは、公衆衛生的に遺体に安全に接触可能ということであり、遺体の腐敗、硬直といったことがないということです。

修復というのは事故で破損した遺体の修復だけではなく、長期の療養で痩《や》せた遺体を元気なときの状態にまで復元できるということです。元気なときの顔写真を遺族に提供してもらい、それに近い状態に復します。

▼動脈から薬剤を注入

エンバーミングの処置の基本的な流れは、遺体を消毒液で全身洗浄し、顔を整え、遺体の一部を切開し、動脈と静脈を剖出《ぼうしゅつ》し、動脈に薬剤を注入し、静脈から血液を排出し、薬剤と血液を交換します。このことにより遺体を内部から固定化して遺体の腐敗を防止します。薬剤はホルマリン等の防腐剤のほかに色素も入っています。

生きている人間の身体がピンク色なのは血液が流れているからであり、死亡すると血液は身体の下に集まるので遺体は青白くなります。しかし、薬剤に色素が入っているため、エンバーミングされた遺体はピンク色を留めます。

遺体の外国への航空輸送においてはエンバーミングすることが国際的な約束事になっています。1988年に日本で最初のエンバーミングが処置されましたが、これは日本人を対象にしてということです。朝鮮戦争やベトナム戦争の米軍戦死者へは在日米軍基地でエンバーミングが行われていました。

エンバーミングを行う技術者を「エンバーマー」とよびます。北米では専門の学校（大学）で履修《りしゅう》し、全米または州の試験を合格した者だけが処置できます。

日本でも最初は米国やカナダの資格をもったエンバーマーだけによって処置されていましたが、2003年に関東と関西に養成校を設立し、IFSA（イフサ、日本遺体衛生保全協会）が試験を行い、日本人のエンバーマーができて、いまでは日本人のエンバーマーが主体になっています。

日本でのエンバーマーになる課程は、半年の授業でエンバーミングの基礎理論、化学、解剖学、葬祭学等を履修し、半年の基礎実習を経て、アシスタント・エンバーマーの試験を受け、さらに1年実習し、エンバーマーの試験を受けるとなっています。

エンバーマーになるためには知識、技術だけではなく、遺体の尊厳について厳しい教育が行われます。医療関係者の倫理も問題になっていますが、エンバーマーについても倫理教育が大切です。

▼50日以内の火葬が義務づけられている

エンバーミングすることによる効果は次の通りです。
①殺菌処理が行われるので、遺族が安全に遺体と接触できる。遺体と触れあいながらのお別れを充分に行うことができる。
②遺体の腐敗が進行しないので、葬儀を慌てて行う必要がなく、葬儀日程にゆとりを与えられる。
③元気なときの状態できれいな顔とお別れできるので、遺族の悲嘆を和《やわ》らげることができる。最後のお別れが心理的な傷にならないで済む。
エンバーミングの処置はどこでもできるわけではありません。環境保護の観点もあり、イフサ

の検査に合格した施設でのみ可能です。

また、遺体の一部とはいえ切開しますので、事前の説明と遺族の自書による同意書の提出が義務づけられています。

さらに、国外輸送を除き、50日以内に火葬することが義務づけられています。

乱脈でいい加減な遺体処置は死者を冒涜《ぼうとく》し、遺族に損害を与える行為ですので、イフサでは厳しい自主基準を設け、専門家の監視下で行っています。

エンバーミングは遺体の腐敗を防止するものですが、すでに腐敗したのを元に戻すことはできません。そのため死後できるだけ早い状態で処置することが必要になります。状態にもよりますが、48時間以上経過した遺体には施すことが困難です。

費用は約15万円かかります。葬儀費用が宗教者へのお礼を除外すると１００万~１５０万円程度が平均ですから、これを高いと見るか、安いと見るかはそれぞれの価値観によるでしょう。

エンバーミングを必要としない遺体もあり、エンバーミングするかどうかはそれぞれの死生観にも関わります。でも希望してもできない状況は改善しなければならないでしょう。

Q10

火葬の期限は?

火葬をいつまでにしなければいけないという期限は、決まっているのでしょうか? エンバーミングした場合でも、いつかは火葬するのではと思います。

（53歳女性）

A　法律的には、いつまで火葬をしなければいけないということは決まっていません。しかし、遺体に対する国民感情を考えると、常識的な期限はあると考えるべきでしょう。

▼死亡届と火葬

まず、問題を整理しましょう。

死亡すると、届《とどけ》出《で》義務者は死亡の事実を知った日から7日以内（国外では3ヶ月以内）に死亡を届け出、その際には死亡診断書または死体検案書を添付《てんぷ》すべきことは、戸籍《こせき》法第86条に定められています。

次に火葬についてですが、墓地、埋葬等に関する法律の第5条に、埋葬または火葬を行おうとする者は「市町村長の許可を受けなければならない」とあり、この許可を得るためには死亡届が受理されていることを条件としています。

いま日本の火葬率は99%ですが、法律的には埋葬（墓埋《ぼまい》法では「埋葬」は「死体を土中に葬《ほうむ》ること」つまり土葬を意味します）も許されています。

24時間以内の埋葬または火葬の禁止（感染症法等に定めのあるときは除く）は同法第3条に定められていますが、ここには「埋葬または火葬をしなければならない」とは書かれていません。

ただし、第9条に、

「死体の埋葬又は火葬を行う者がいないとき又は判明しないときは、死亡地の市町村長が、これを行わなければならない」

とあるので、遺体は埋葬または火葬されるべきことが暗黙に了解されていると言えるでしょう。

▼遺体の保存について

遺体の保存については、死体解剖保存法第17条に、

「医学に関する大学又は医療法の規定による総合病院の長は、医学の教育又は研究のため特に必要があるときは、遺族の承諾を得て、死体の全部又は一部を標本として保存できる」とあり、これは献体《けんたい》遺体等の解剖後の遺体についての特別規定です。

こうした特例を除いて、長期に遺体を保存することは刑法１９０条の死体遺棄《いき》罪に該当する危惧が発生します。それは常識的には腐敗が進行して腐臭を発生させるまでと言えるでしょう。

エンバーミングされた遺体は理論的には腐敗しないので、期限はないように思われますが、国民感情上無期限ということはありません。ＩＦＳＡ（イフサ、日本遺体衛生保全協会）ではその点を考慮し、自主基準で50日以内と制限をつけています。

それは死者祭祀《さいし》が充分に行われる期限ということで、四十九日《しじゅうくにち》の慣習等を考慮し、それを超えた保存は禁止しています。これは妥当な解釈であると思われます。

Q11

喪主・親族代表は男性であるべき？

葬儀の挨拶状《あいさつじょう》を見ますと、喪主《もしゅ》や親族代表は男性名が使われることが多いようですが、根拠はあるのでしょうか？

（45歳女性）

A　確かに葬儀の挨拶状を見ると、喪主名や親族代表名が、多くの場合は男性名になっています。

男性名になることが多いのは、戦前の男尊女卑《だんそんじょひ》の考え方が依然として世の中にはびこっていることを示しているのでしょう。

しかし、死亡した人が男性で、その人が結婚しているときには、最近では喪主として妻の名前が記されることもよく見受けられます。これは戦後の家族の単位の基本が夫婦にあることへの理解が広がっているからでしょう。

民法の相続でも配偶者には特別な位置を与えていることが関係しているのかもしれません。

なお、喪主は法律的には祖先の祭祀を主宰する者にあたると解釈するのが妥当でしょう。この承継は「慣習に従って祖先の祭祀を主宰すべき者」とされていますが、この慣習も戦後の男女平等思想の普及で変化しているとみるべきでしょう。

また「被相続人の指定」があった場合には、それに優先します。つまり本人が喪主になってほしい人を生前に指定しておくことができます。

実際には、まだまだ男性が女性に優先する慣習は根強く残っていることは確かなことです。しかも「冠婚葬祭」という人生儀礼の面では色濃いのが実状です。また、人前で名が出る、挨拶するとなると男性が無難とされることが少なくありません。

しかし、10年後にはこうした質問自体が出ない、男女が社会的に平等な社会になるといいなと思います。

Q12

喪主挨拶の仕方は？

母の葬儀で、長男である私が喪主《もしゅ》を務めます。挨拶《あいさつ》で気をつけなければいけないことを教えて下さい。

（48歳男性）

A お母様のご葬儀の喪主を務められるとのことですが、喪主というのはお母様を亡くして悲しいうえに、何かと神経をつかうことが多いものです。特に、ご挨拶なさるということは緊張するものです。

▼ゆっくりと、誠実に

まず、上手に話そうとしないことです。ご自身の言葉で、平易な言葉で、ゆっくりと誠実に話すことが大切です。こんな感じで話しはじめたらいかがでしょうか。

「故人の長男の〇〇と申します。本日は母のためにご会葬《かいそう》いただき、厚くお礼申し上げます」

自己紹介をし、会葬いただいたお礼を言います。このときゆっくりとお辞儀《じぎ》をします。

この後、故人が自分たちにとってどんな存在であったかを話すといいでしょう。例えば、

「母はご存知の方もいらっしゃるでしょうが、勝気《かちき》な性格でした。しかし、それは間違ったことが嫌いということからきており、性格は真面目で、家庭では子どもや孫をたいそうかわいがってくれました。頼りになる母親でした」

あるいは、

「母は外では静かな、引っ込み思案《じあん》なところがありましたが、家では全てを切り盛りしてくれるよくできた母親でした」

自分の親だから謙遜《けんそん》するのではなく、故人の良かったところをはっきりと話すことが大切です。

こんな話し方もあります。

「母は早くに夫を亡くしたため、働いて私たち三人の子を育ててくれました。貧しくはありましたが、愛情をたくさん注《そそ》いでくれて、子どもたちにとっては母は誇《ほこ》りでした」

▼臨終の様子を報告する

故人のことを話したら、臨終《りんじゅう》のことを会葬者に報告するのもいいでしょう。例えば、

「母は、3ヶ月前に『体調が悪い』と訴え、市立病院で診《み》ていただいたところ、がんの末期ということで即入《そく》院となりました。痛かったろうと思いますが、病院の先生方に痛み止めを打っていただき、最期《さいご》は1月15日、家族が見守る中、穏《おだ》やかに息を引き取りました」

あるいは、

「母は、最後は寝たきりになり自宅で訪問看護を受けながらでございました。1月15日、朝家族が様子を見にいきましたら、眠ったまま息を引き取っていました。長年暮らした家で最期を迎えることができてよかったと思います」

▼お礼で締めくくる

挨拶の最後はお礼で締《し》めくくります。

「本日は母・○○のためにご会葬いただき、改めてお礼を申し上げます。ありがとうございました」

お礼の言葉はゆっくりと話すことがポイントです。お礼を言ったら深く頭を下げます。

もう一つ例をあげておきましょう。

「本日は母が生前にたいへんお世話になった方々にお越しいただいております。母に代わりお礼を申し上げます。ありがとうございました」

全体にゆっくり、はっきりと話すことが大切で、気の利《き》いたことは言う必要はありません。

▼４つのポイントと文例

ポイントを整理すると、次のようになります。

①会葬者へお礼をする
②故人の思い出を語る
③できれば死亡の状況を報告する
④改めて会葬者にお礼する

挨拶文の文例では「賜《たまわ》りましたご厚誼《こうぎ》に対し」「ご多忙中のところ遠路はるばる」などという型にはまった表現が見られますが、無理をせず、やさしい言葉で話すことのほうが、相手に気持ちが伝わります。

喪主が挨拶するのは出棺《しゅっかん》や葬儀の後の挨拶だけではありません。いくつかの場面での文例をあげておきましょう。

●通夜《つや》での挨拶

「本日は、母・○○のためにお越しいただきありがとうございました。この後、ささやかな食事の用意をしておりますので、お時間のある方は、しばしお残りいただき、母の思い出話でもしていただければと思います」

●葬儀後の会食（お斎《とき》、仕上げ等）

「おかげさまで葬儀を終えることができました。お世話いただきました皆様に深くお礼を申し上げます。食事の用意をさせていただきました。おくつろぎください」

●会食後の挨拶

「本日は朝早くからお世話になりました。母に成り代わりお礼を申し上げます。今後ともよろしくお願い申し上げます」

Q13

葬儀での遺族席について

お葬式を見ていると、遺族席が前にあって参列者側を向いています。あれはどういう意味なのですか？

（48歳女性）

A　お葬式で遺族席が前に設けられていて、参列者側を向いたり、横向きになっているのを見ます。ごく一般に見慣れた風景なので、それが正しいと思っている方が多数派です。葬儀社の人もそう思っていて、式場では遺族席が前方に特別に設定されていることが多いです。

しかし、私は二つの点から、これは誤りであると言いたいと思います。

▼葬儀と告別式は違う

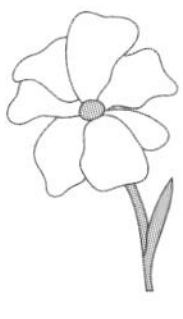

第一の理由は、葬儀と告別式は違うということです。告別式であれば、参列者の方の焼香《しょうこう》に応えて挨拶するのに便利かもしれません。しかし、通夜《つや》や葬儀は違います。遺族も死者を弔うことに専心すべきです。とするならば参列者同様に前の本尊、柩《ひつぎ》を向いて座るべきです。

参列者の焼香の時間になって、遺族代表が答礼に立てばいいだけのことです。遺族全員ましてや親戚までも参列者に答礼する必要はありません。

実は、遺族席が参列者側を向く、横向きになるというのは歴史的経緯があります。戦後に葬儀と告別式が同時並行に行われるようになったとき、焼香の答礼に便利なように、と葬儀の本質をわきまえないで、社会儀礼優先にした結果です。

通夜の席でまで遺族席が参列者側を向く、横向きになる形になったのは、近年の通夜の告別式化の影響を受けたものです。

通夜、葬儀は何よりも死者を弔う遺族たちのためにあるべきです。こうした悪習は正されるべきでしょう。

遺族にはわかりませんから、宗教者や葬儀社がこれを早急に正さなくてはなりません。

▼遺族を緊張させないほうがよい

第二の理由は、遺族に不必要な緊張を与えてはいけないということです。前に座れば、遺族の所作《しょさ》はすべて参列者から見られることになります。自《おの》ずと、泣きたいのに泣けない、呆然《ぼうぜん》としていることが許されない、しっかりしていなくてはいけない、と強《し》いられてしまいます。遺族はそうでなくとも家族を送り出すことで緊張を強いられているのです。余計な緊張を与えることはマイナスでしかありません。

途中で耐えられなくなり席を外したいと思っても、皆が見ているところではできません。

――以上、葬儀本来の意味と、遺族へのグリーフケア（悲嘆の中にある人をサポートすること）の観点で、遺族席が参列者側を向く、横向きになる形は即刻改められるべきだと思います。

なお、祭壇《さいだん》に向かって右側前列が遺族、親戚席、左側前列が来賓《らいひん》席になり、内側が上位になります。

ただし、遺族席が横向きになるのがすべて悪いわけではありません。それは家族葬など小規模葬儀の場合です。

しかし、こうしたケースでは遺族だけではなく、参列者も柩を囲むようにしたいものです。皆で死者を身近にして、温かくお別れして送るという形をつくるためです。

Q14

会葬御礼と香典返しについて

このたび葬儀を行いまして、会葬御礼《かいそうおんれい》として1500円の品物を、お香典《こうでん》を頂戴《ちょうだい》した方（預かり分も含む）全員に渡しましたので、金額が3000〜5000円の方にはお香典返しをしない方針にしようと思ってます。この金額が一番多く大変なので。別に問題はないでしょうか？

（53歳男性）

A

地方により会葬礼品と香典返しの扱い方は違っています。

会葬礼品と香典返しが一体化していて、会葬者全てに500〜2000円相当の品物を渡し、これで香典返しを兼ねてしまう地域もあります。こうした傾向は地域社会の強いところに見られ、香典は相互扶助《そうごふじょ》であり、お返しにあまり気をつかわなくてもよい、という合意ができているようです。

都市部から始まり、現在主要なのは会葬礼品と香典返しとを区別する方法です。

▼会葬礼品とは

会葬礼品はかつて「粗供養《そくよう》」と呼ばれ、会葬者の全てに対して渡されたものです。故人の代わりに施《ほどこ》しを行い、その徳を故人に振り向け供養するという意味がありました。

他人に物を贈るとき「粗品《そしな》」と書きますが、これはへりくだった言い方ですが、粗供養の「粗」にもへりくだった意味があります。ただし、一部の人から「供養に粗はない」と批判も受けています。

ともあれ、粗供養から発展した会葬礼品は「御会葬いただきありがとうございました」という遺族（葬儀主宰者）からのお礼の表明です。金額的には500～1000円程度が多いようです。

▼香典返しとは

これに対して香典返しは、日本の贈答文化である「贈物をいただいたらお礼をする」の影響を受けたもので、都市部では明治時代に定着したと言われます。

「二分返し（半額程度お返し）」「三分返し（3分の1程度お返し）」と言われているものです。

かつては四十九日《しじゅうくにち》の満中陰《まんちゅういん》（忌明《きあけ》）をもってお返しがされましたが、近年では「当日返し」「その場返し」と言い、葬儀当日にお返しすることが多くなる傾向にあります。


香典の平均額が7000〜8000円になることから2000〜4000円相当の品物をいただいた金額に関係なくお返しします。もっとも、3万円以上いただいた方には別に四十九日をもってまたお礼をする場合もあります。

質問者のケースでは会葬礼品が相場よりも少々高額でしたので、5000円までの方にはそれで香典返しも兼ねたとしてもよろしいでしょう。5000円の3分の1は1500円ですから、失礼にはあたりません。

返礼品の世界も時代と共に変化しています。あまり見栄をはって無理なさらず、いただいた香典をありがたく弔《とむら》いに役立たせることが大切だと思います。

Q15

会館の係に寸志は必要か？

葬式を出す場合には、近所の葬儀会館にお願いしようと思っています。その場合、係の人に寸志《すんし》を包む必要があるでしょうか。また、必要がある場合、その相場はいくらくらいでしょうか。

（40歳女性）

A　葬儀社が経営する斎場《さいじょう》（葬儀会館）で葬儀をなさる場合には、寸志やチップは必要ありません。

葬儀料金の中には人的サービスの料金が含まれていますので、一切その心配はありません。

また、寸志を包まなかったからといってサービスが悪くなるなどということもありません。

Q16

宗教者へのお礼はどうする？

葬式費用としてどのくらい準備しておいたらよいか、考えています。特に宗教者の方へのお礼の金額がわかりません。（75歳男性）

A お葬式の費用といっても、どんなお葬式にするかで変わってきます。

お葬式の費用は、大きくは次のように分けることができます。

①葬儀社の費用

②飲食接待の費用

③宗教者への謝礼

④その他の費用

▼葬儀費用のいろいろ

お葬式の費用は、すべて葬儀社に支払われるものではありません。葬儀社への支払い（①）については、本書32〜34ページ等を参照して下さい。

②の飲食接待費用は、地域の人が食事を作ったり、直接料理店等に注文する場合がありますが、最近では葬儀社経由で注文し、代金を葬儀社に支払うケースが多いようです。しかし、これは葬儀社経由でないとできないものではありません。

③の宗教者への謝礼は、葬儀社に支払う筋のものではありません。僧侶、牧師、神職などの宗教者へのお礼ですから、遺族から直接お渡しすべきものです（これについては後段で詳しく説明します）。

④その他の費用は、①〜③以外にお葬式に伴って必要となるお金です。これは個々の遺族の事情によって異なるのですが、地方の親戚《しんせき》の宿泊費、遠方に住む家族の交通費、親族だけでとる食

事の費用などです。どんな費用が必要になるか、事前には予測しがたいものですが、私はこれを予備費として10万〜20万円見ておくことを勧めています。

▼宗教者への謝礼

③の宗教者への謝礼ですが、これには基準になる数字がありません。つまり「料金表」は存在しないのです。仕事の対価ではなく、それぞれの遺族によって変わるもので、文字どおり「感謝の表現」です。

宗教者を依頼しなければ、この謝礼自体が発生しません。つまり0円ということです。

宗教者を依頼する場合、謝礼の額は遺族あるいは故人と寺・教会・神社との関係によって変わります。

ある方は亡くなる前に「檀那寺《だんなでら》に1000万円お礼するように」と言い残しました。これは高い、安いという問題ではなく、その人の信仰の問題、つまり心の問題なのです。

また、ある遺族は僧侶に相談したら「お気持ちで結構です」と言われたので、枕経《まくらぎょう》、通夜《つや》、葬儀、火葬とお勤めいただいたのに5000円しかお礼しませんでした。この話を聞いたとき、私は感謝の気持ちがない遺族に呆れたものです。

「でも、相場というのがあるのでは？」と聞かれます。

キリスト教会や神社では規定を定めているところがありますが、概《おおむ》ね10万〜20万円程度が多いようです。もっとも、もっと多くお礼してもかまいません。キリスト教では牧師や神父へのお礼以外に、オルガニストや教会堂使用のお礼がありますし、神道では斎主の神職以外に音楽を奏でる方などへのお礼も発生します。

▼「お経料」「戒名料」という言い方は間違い

仏教では、宗派の違いよりも地域や寺格による違いが多いようです。

また、僧侶の人数で違ってきます。例えば導師以外に3人お願いする場合、導師以外にはお1人3万〜5万円お礼するケースが多いようで、計9万〜15万円となります。

では肝心の導師をお務めいただく僧侶への謝礼ですが、20万〜40万円くらいが多いようです。さらに院号等の特別な戒名《かいみょう》（法名《ほうみょう》）をいただいた場合には20万〜60万円くらい加算してお礼することが多いようです。ここで「多い」と言ったのは僧侶によっては院号を授与したからといって、その分のお礼の受け取りを断る方もいるからです。

仏教は一見高額に見えますが、本来、導師をお願いするのは檀那寺（お手次寺《てつぎでら》）の住職です。

檀家であるとは、お寺をそれぞれの事情に合わせて護持する責任もあるのです。「葬式の日当としては高い！」と思われるかもしれませんが、葬儀や法事の際のお布施については、当日のお礼プラスお寺の護持費用と考えるとよいでしょう（キリスト教会員は年収の5～10％くらいの額を毎年、月分割で献金して負担しています）。

経済的に困っているならば率直に住職と相談すればいいでしょう。

よく「お経料」「お戒名（法名）料」という言い方がされますが、間違いです。僧侶へのお礼は「料金」ではありません。合わせて「お布施」です。

くれぐれも檀那寺以外の僧侶を紹介され「院号付きで40万円、安いでしょう」という商売にひっかからないように注意しましょう。

信頼できる宗教者選びは大切です。できれば事前に選んでおきましょう。

Q17

喪中ハガキについて

喪《も》中《ちゅう》葉書の出し方には、決まりがあるのでしょうか？　教えて下さい。（36歳男性）

A　葬儀が終わったからといって、すべてが終わるわけではありません。遺族は喪に服します。この「喪」というのは、かつて1年間でした（正確には13ヶ月）。この喪の間、遺族は死者の弔《とむら》いを第一にし、お祝い事、お祭り等は遠慮して過ごすと言われました。

喪に服している間を「喪中」と言います。喪中にあるときは新年のご挨拶《あいさつ》も遠慮します。したがって喪中にある人は12月の頭あたりに「喪中葉書」を出します。

▼喪中葉書の挨拶への誤解

喪中葉書は、「喪中につき年賀《ねんが》のご挨拶をご遠慮申し上げます」と書きます。よく見られるのは、この文章の意味を「年賀状を出さないで下さい」という意味であると誤解している例です。この場合の「遠慮」は「差し控える」という意味で、「本来は年賀のご挨拶にうかがうべきところですが、家族を亡くし喪中にあるため、新年のご挨拶は差し控えさせていただきます」という意味なのです。

年賀の挨拶はかつて相手の家にうかがってしていたものです。いまは年賀状のやりとりで済ませることが多くなりました。ですから喪中葉書は年賀状を出さない断りの意味になってしまっています。

喪中葉書には「母が10月に死亡しました」というように、誰が亡くなったのかを書いておくといいでしょう。

喪中葉書はそれまで年賀状をやりとりしていた先に送りますが、送り損ねた人がいて年賀状が届くことがあります。その場合には1月15日を過ぎて（松が取れて）、「寒中見舞い」を出します。その場合の「寒中見舞い」の文章は次のようなものです。

「寒中見舞い申し上げます。年賀状ありがとうございます。昨年10月に母が死亡しましたので新年のご挨拶は失礼いたしました。今年も引き続きよろしくお願い申し上げます」

▼配偶者の親の場合はどうすべきか

喪中になるのはどういう場合かというと、1年の場合は配偶者、親、子どもが死亡した場合で、祖父母、兄弟が死亡した場合は半年程度が妥当でしょう。

配偶者の親の場合が迷うケースです。同居していた場合や配偶者と連名で年賀状を出す習慣のある場合には配偶者に合わせます。

ただし、同居していない場合、単独で年賀状を出す習慣のある場合には喪中とする必要はありません。また、喪中にあるからといって、年賀状をやめて喪中葉書にしなければならないということはありません。喪中にあるが、新年の挨拶はしたいという考え方があってもいいのです。それぞれの考え方によりますから「喪中なはずなのに年賀状をよこした。常識を知らないやつ」と批判する必要はありません。

また、喪中にある人が差し控えるのであって、相手が喪中かどうかわからないで年賀状を出すのは失礼にあたりません。

家族が死ぬということは、肉体的にも精神的にも大変なことです。喪中葉書はそうした遺族を配慮して、そうした大変な時期には世の中のお付き合いを省略してもかまいませんよ、という社会的な配慮です。

ですから「喪中葉書を出すことが義務」みたいになると本末転倒です。喪中葉書も出さず、落ち着いた頃に葉書や手紙を出すのでかまいません。特に四十九日《しじゅうくにち》も済んでいないうちに喪中葉書の心配までする必要はありません。

また、知らずに年賀状を出し、寒中見舞いが来て家族を亡くされたことを知るケースがあります。最近は家族葬が多くなり、死亡した事実を知らされないケースも増えています。

私の場合、友人に対して書留郵便で心ばかりの香典《こうでん》を包み、

「お母様がお亡くなりになり、お淋しい日々をお過ごしのことと思います。心ばかりですがお花をお供《そな》え下さい。なお、お返しなどお気遣《きづか》いのないようお願いいたします」

と書いて送ります。

葬儀に間に合わなくとも、気は心です。遺族を思いやる気持ちは大切にしたいものです。

第二章

会葬の礼儀・作法Q&A

Q1

「会葬の礼儀・作法」の基礎知識

お葬式の通知を受けました。会葬《かいそう》についての基本的な事柄を教えて下さい。（36歳男性）

A　お葬式の通知を受けたから……といって一般的に通用することはありません。問題は「誰が亡くなったか」、つまり故人と自分との関係によって変わってきます。

▼会葬は告別式が正式、会社を代表する場合は告別式へ

●あまり親しくはない、ただし多少の義理がある人の場合

日程を無理して調整はしません。日程が調整つくようであるならば会葬にうかがうし、難しい

ときには弔電《ちょうでん》を打ちます。場合によっては供花《きょうか》（生花）を依頼します。

●親しい人の場合

日程を調整して、ぜひ会葬します。告別式に出るのが難しいときには通夜《つや》に弔問《ちょうもん》します。

●仕事上で義理のある人の場合

上司（場合によっては社長）の名で電報を打ち、供花も依頼します。告別式には日程を調整して出ます。場合によっては上司と同行します。

●特に親しい人の場合

まず弔問します。そして手伝えることがないか聞きます。葬式の手伝い、通夜、告別式への参列、火葬場へ同行します。

最近は通夜への会葬者が多くなってきましたが、会葬するのは告別式が正式。通夜に弔問するのは親しい人の場合が原則です。仕事上で会社を代表して会葬する場合には告別式に出るのが原則です。

▼宗教・宗派で変わる香典の表書き

●香典《こうでん》の表書き

できれば宗教・宗派を確認したいもの。キリスト教ならば「御花料」、神道ならば「御榊《さかき》料」または「御玉串《たまぐし》料」、仏教で宗派がわからないときは「御香典（「御香奠」が正式）」または「御香資《こうし》」、浄土真宗であれば「御仏前」、その他の宗派は「御霊前」が一般的です。

名前は楷書《かいしょ》で書く。会社を代表して出すならば「㈱〇〇〇社　代表取締役　〇〇〇〇」とする。親しい場合には個人でも包みます。受付で差し出すときは相手が読めるような向きで。内袋に住所、金額も楷書で記入します。

●香典の相場

近所の関係ならば3000円、一般のお付き合いであれば5000円か1万円、深い付き合いであれば3万円、親戚ならば3万～5万円、家族の場合には5万～10万円。会社で出すならば1万～3万円。

●供花

施行《せこう》する葬儀社を聞いて、そこへ連絡すると供花の注文用紙をファックスしてくれるので、それに記入しファクスします。掲載名は「㈱○○○社　代表取締役　○○○○」とします。

親戚やきょうだいは「一同」で出すので一人ひとりは不要です。供花はほとんどが生花です。金額は1万5000円が普通、2万5000円は特別な関係の場合。後日、葬儀社から請求書が送られてきますので銀行振込します。

●服装

本来「喪服《もふく》」は喪に服していることの表明なので着用するのは遺族です。最近は黒が「仏事の礼服」化しているので黒のオンパレードですが、きちんとした服装なら可です。

社葬で葬儀委員などの場合には、告別式でモーニングが正装。

●焼香

順番がきたら前に出て遺影《いえい》を見て一礼。半歩前に出て焼香し、ゆっくり合掌《がっしょう》。一歩下がって遺族席に目礼して下がります。動作はゆっくりと。回数は1回でいいです。焼香の仕方は手の平を返して額につけるようにするのが一般ですが、浄土真宗は右から左へ。

献花《けんか》（本書92〜96ページ参照）や、神葬祭における玉串奉奠《たまぐしほうてん》の場合には、一般に串が祭壇《さいだん》側で手前に花がくるように向けて。両手でしましょう。

会葬する場合、「故人を弔《とむら》い、遺族の悲しみに配慮する」という心の姿勢が最も大切です。仲間同士の無関係な話題で大声をあげるのは慎《つつし》みたいもの。

通夜の弔問は長居をせず、告別式は出棺《しゅっかん》まで見送るのが礼儀です。

Q2
香典辞退、お花は？

友人の葬儀の案内がきて、そこに「香典《こうでん》は辞退させていただきます」とありました。親友だったのでせめてお花くらいは贈りたいと思うのですがいいでしょうか？（65歳男性）

A　香典辞退が近畿地方を中心に流行の兆《きざ》しがありますが、本来の意味の誤解から来ています。「香典をもらわなくても葬儀は出せる」という見栄のようなものを感じます。

確かに社葬では香典辞退が一般的ですが、社葬は会社が経費を負担してする葬儀で、香典を得ると雑収入に計上しなければいけないという理由から来ています。

社葬の場合でも香典は遺族が受け取ることにし、お返しも遺族が行えば、香典辞退とする必要はありません。供花《きょうか》においては収入が発生するわけではありませんので、社葬だからと辞退する理由はそもそもありません。「社葬では香典・供花は辞退するもの」という意味を考えない誤った「常識」が半ば通用している事態は由々《ゆゆ》しきものだと私は考えます。

▼香典は本来、「弔意の表明」

香典はかつて「香奠」と書いたように「香を供《そな》える、捧げる」という意味で、実際的には相互《そうご》扶助《ふじょ》の意味はあったにせよ、本来は弔意《ちょうい》の表明です。お返しをどうするかはともかく、遺族は弔問者の気持ちを汲《く》んで、まずはありがたくいただく、というのが本来的であると考えます。「うちは自分たちだけでやれるから」「香典返しが面倒だから」といった理由での香典辞退は、香典のもつ意味を誤解したものだと私は考えます。香典を辞退されると弔意を拒絶されたように思い、とまどう弔問者も少なくないのです。

葬儀には約束事があります。香典や供花は贈る側の意思、弔意の表明ですから、受け取る側の事情によるものではないのです。すなわち、受け取るのが原則となっています。

したがって「香典辞退」と案内文等に書かれていなければ「受け取る」ことを意味します。供花も同様で「供花辞退」と書かれていなければ供花は「受け取る」ことを意味しています。

▼友人・知人の弔意に配慮したいもの

ご質問では、香典辞退は記されているが、供花辞退は触れていないのでお花は贈ってもかまわないことになります。

質素に自宅で葬式するので、お花も辞退したいのであれば、案内文に「供花は辞退させていただきます」と書く必要があります。

近年、お葬式を質素に簡素にということが流行しています。それは本人や遺族の意思の問題です。しかし長くお付き合いした友人・知人の弔意も考えて、その気持ちを踏みにじることにならないよう配慮すべきではなかろうか、というのが私の考えです。

Q3

葬儀の手伝いについて

近所の方、会社の同僚、友人のお宅に葬儀があったとき、どんなお手伝いをしたらよいでしょうか?

（36歳男性）

A いまは業者がいろいろやってくれるとは言っても、お手伝いすべき仕事は、たくさんあります。

▼葬儀でやるべきこと

葬儀でやるべきことは、以下のようなことが挙げられます。

1、（自宅で葬儀をするなら）家の掃除

2、弔問客の接待
3、料理作り
4、配膳《はいぜん》
5、会葬者《かいそう》の受付
6、香典《こうでん》の記帳
7、返礼品を渡す仕事
8、会葬の間の手荷物の預かり
9、式場案内図を周辺へ貼る
10、式場周辺の道案内
11、車の誘導
12、会館などで葬儀をするときはお宅の留守番
13、後片付け

と、これだけあります。

特に自宅や寺院での葬儀には、けっこう人手がいります。遺族に率直に申し出て、何かお手伝いできるものはないかたずねてみましょう。

▼チームを組んでお手伝いする

知らない人同士が急遽《きゅうきょ》集まって手伝うのですから、コツがあります。まず、遺族との連絡や各仕事を統括する責任者を定めます。そして例えば、家の中は近所の人たち、受付は友人たち、式場周辺は会社の人たち、と同種の仕事はよく知った人でチームを組みます。

お手伝いが逆に遺族の負担にならないように注意しましょう。大切なことは、きちんと事前に遺族と相談して、自分たちの考えではなく、遺族の考えに則《のっと》って行動すること。

遺族も、意思をはっきり伝える必要があります。

「船頭多くして、船、山に登る」

にならないためには、方針を皆で共有することが大切です。

葬儀をどこでするかによって、お手伝いする内容が変わってきます。近年は斎場《さいじょう》（葬儀会館）ですることが多いので、受付くらいという例が少なくありません。

Q4

焼香の際の挨拶はいつ？

お葬式にあまり出たことがないので、焼香《しょうこう》の作法がよくわかりません。ご遺族に挨拶《あいさつ》するのは焼香の前ですか、後ですか？（32歳女性）

A 次のような場面を想像してみてください。恩師が亡くなり、ご自宅に弔問《ちょうもん》にうかがい、ご遺体と対面してお別れをすることになりました。どうするでしょうか。

まずご遺族に一礼して「失礼いたします」と言ってご遺体の前に進み、恩師のお顔をゆっくり見て、合掌《がっしょう》し、深く礼拝し、下がってご遺族に「お別れさせていただき、ありがとうございました」と一礼するというのが自然でしょう。

お葬式の焼香というのは、これと同じで、亡くなった方とのお別れです。ていねいに行おうとするならば、まずご遺族に一礼し、祭壇《さいだん》の前に進み、焼香します。その後、合掌し、深く礼拝し、下がってご遺族に一礼します。

このようにていねいに行おうとするならば、焼香の前後に1回ずつ、計2回ご遺族に礼をします。

▼一礼は遺族に配慮すること。焼香は心を込めて1回でもよい

しかし、お葬式の焼香の場面では多数の方が焼香します。ご遺族はそのたびに挨拶を2回ずつするのではたいへんです。そうでなくとも精神的に打撃を受けてたいへんなわけですから、そのご遺族の身を配慮するということも大切なことです。

そこで最初のご遺族への礼は省略し、祭壇の前に進み、焼香をし、ゆっくりと深く合掌礼拝します。終えてから、ご遺族の方へ向かって一礼して下がります。

焼香は宗派により回数が異なったりしますが、お葬式のときは心を込めて1回でいいでしょう。香を額にいただくかは、これも宗派により異なります。浄土真宗の場合には自分を浄《きよ》めるということで香をいただくことはしません。他の宗派はいただきます。これは相手の宗派に合わせるというよりもご自分の宗旨に合わせて行ってかまいません。

作法はわかっていることにしたことはありませんが、大切なことは、その場がご自分と亡くなった方との一対一のお別れの場であるということです。心を込めてお別れしましょう。

【焼香のやり方】

1 遺族に一礼して祭壇の前に進み、合掌礼拝（遺族への一礼は略してもよい）

2 右手で香をつまむ

3 香を額にいただく（浄土真宗ではいただかない）

4 香炉にくべる（宗派によってくべる回数は異なるが、1回でもよい）

5 ゆっくりと深く合掌礼拝

6 遺族に一礼して下がる

Q5

献花のやり方は？

献花《けんか》のやり方を教えて下さい。

（36歳男性）

A　お葬式で弔問《ちょうもん》するとき、最近多くなっているのが「献花」です。これに作法というのはあるのでしょうか？

▼献花は日本のキリスト教独自の習慣

献花は無宗教葬、キリスト教のお葬式、追悼《ついとう》式などで使われます。仏教のお葬式のときでも使われることがあります。

ずばり、「献花の作法は定まっていない」が正解です。

献花がお葬式で用いられるようになったのはキリスト教のお葬式からですが、欧米のキリスト教のお葬式で献花が行われているわけではありません。日本のキリスト教独自の習慣です。

仏教のお葬式では焼香《しょうこう》が行われますが、キリスト教のお葬式ではない。これでは会葬者《かいそう》が死者に弔意《ちょうい》を表わそうとしても、何もすることがないのでは淋しいということで、キリスト教のお葬式で献花が用いられるようになったのです。

もともとなかったものですから、正しい作法というものは定まっていません。

しかし、作法にこだわる日本人、定まっていないのは落ち着きません。そこで誰が言い出したのかは不明ですが、茎《くき》の部分を祭壇《さいだん》側にし、花の部分を手前にして捧げるという方式です。よく考えてみると、これは神道の玉串奉奠《たまぐしほうてん》と同じ方式です。献花の作法は神道の玉串奉奠の作法を真似たらしいのです。まあ、花が会葬者側を向くと、祭壇が華やかに映るというのも理由だったかもしれません。

▼花を故人側にという作法に変化

日本のキリスト教で「献花」が採用されたのは、「焼香」であると、何か仏教との関係がイメージされるので、それを避けたということでしょう。無宗教葬や公的な葬儀、追悼式で献花が用いられるようになったのも同じ理由です。

欧米では土葬が多かったのですが（最近は火葬も多くなってきました）、埋葬地である墓に花を投げ入れる、花を横たえて置くという習慣はキリスト教に関係なく古い昔から多かったので、献花が採用されたのでしょう。

この花を手前に茎を故人側に向けるという作法に最近変化が見られます。今までの習慣とは異なり、花を故人側に茎を手前に、今までとは逆にする方式が広まっているのです。理由は、故人側から花が見えるように、ということです。

中には、花を立てて供《そな》えるという方式もあります。花を挿《さ》すときに用いるオアシスを敷いておいて、会葬者がそれぞれそこに花を挿していく方式です。また、祭壇の前に小さなプールが作られ、その水の上に花弁を浮かべていくという方式もあります。

死者に花を捧げるというのは、人類が数万年前から行ってきたことです。問題は作法ではなく死者を弔《とむら》う気持ちです。

▼分からないときは喪主に倣うのが一番

とは言っても、実際には自分勝手に行うわけにはいかないし、と悩む気持ちはわかります。その場合には、最初に喪主《もしゅ》が行う方法に倣《なら》うことです。

喪主が花を手前にしたら、参列者も花を手前にする、喪主が茎の部分を手前にしたら参列者も茎の部分を手前にする。

どちらが正しいというわけではないのですから、喪主の考え方を尊重するのがいちばんです。くれぐれも「正しい作法はこっち」と我《が》を張らないことです。

献花の場合、会場入口で花を渡されることもあれば、献花台の前で渡されることもあります。花を両手で受け取り、献花台の前に進んだら、故人に一礼し、一歩前に進んで花を捧げます。

その後の動作ですが、故人に向かってしばらく黙祷《もくとう》するもよし、深く一礼するもよしです。中には仏教式に合掌《がっしょう》する方もいます。その人の自然な心情の現われですから咎《とが》められることはありません。最後に遺族に向かって、軽く一礼します。

▼遺族への礼は1回で

焼香でも同様ですが、多く見られるのは焼香や献花の前に遺族に一礼し、終わった後にまた遺族に一礼する方式です。

これでは遺族は参列者に対して2回ずつ礼を返すことになり、遺族の負担が大きくなります。遺族は死別の悲しみを抱いているので、あまり負担にならないように、1回だけに留める配慮がなされるといいなと思っています。

最初は故人に一礼し、終わったら遺族に一礼する、というのが焼香でも献花でもいいでしょう。遺族が側《そば》にいれば、親しい人は一言声をかけたいものです。あまり親しくない場合には礼だけでいいと思います。大切なのは故人への弔う気持ちと故人や遺族との関係の深さに応じた悲しみへの共感の表明です。

故人と深い関係があっても、遺族とは面識がない場合があります。この場合、私は遺族に自己紹介（といっても肩書ではなく故人とどういう関係にあったかということですが）をしてお悔やみの言葉をかけるようにしています。

Q6

よい弔辞とは？

今度、会社の会長の葬儀で社員代表として弔辞《ちょうじ》を述べることになりました。初めての経験で、どう言ったらいいか悩んでいます。

（54歳男性）

A

弔辞を述べる際に気をつけることは、次の点です。

①長くなり過ぎない。
②前置きは長くしない。
③印象深いエピソードを入れる。
④最後に「共感」を伝える。
⑤ゆっくりはっきり話す。

長くなり過ぎないようにする

まず、①の長さですが、一般に、弔辞で一人に与えられる時間は5分です。しかし5分全部使えるわけではありません。前に進んでいく時間、終わって弔辞の原稿をたたみ、自分の席に戻る時間があります。しかもゆっくりとした動作で行いますから、前後の動作に各1分、計2分必要です。

すると、弔辞を述べる時間は正味《しょうみ》3分ということになります。急いで話せば400字詰め原稿用紙1枚を1分で話すことができますが、ゆっくり話すとなると90秒で1枚、つまり3分間で話すのが適当な分量は、400字詰め原稿用紙で2枚程度となります。

これは文字の実数が800字ということではなく、改行などを入れてのうえです。文章を改行するときは、話す場合にそこで一拍《いっぱく》入れますので、改行することも計算に入れておきます。

前置きは長くしない

400字詰め原稿用紙で2枚分というのは分量的に多い量ではありません。したがって②の前置きをあまり入れると内容が乏《とぼ》しいものになります。

前置きはこのようなものでいいでしょう。

「○○社に働く従業員を代表し、会長にお別れの言葉を述べさせていただきます」

友人代表であれば次のようになります。

「中学・高校と一緒に学んだ友人としてお別れの言葉を述べさせていただきます」

「会社で同僚として働いた仲間を代表して弔辞を述べさせていただきます」

会社の取引先であれば、

「仕事を通じて深くお世話になった者として、お別れの言葉を述べさせていただきます」

▼印象深いエピソードを入れる

本文に入りますが、③にあるように印象深いエピソードを入れることが大切です。

社員代表であれば、

「会長は厳しい方でした。ミスに厳しく対処される方でした。

『ミスは隠してはならない。そのミスがどうして起こったのか、徹底的に原因究明しないと、また同じミスを犯してしまう。ミスを会社全体の共有財産にしなければならない』

と言うのが口癖でした。

最後に必ずおっしゃいました。『どうしたらそのミスはなくせるだろうか』

合理的な考え方の持ち主で、精神論やミスした本人の資質の問題としてではなく、常にシステムの改善の問題として考える方でした。

そしておっしゃいました。

『ミスというのはけっして個人の問題ではない。会社のミスなんだよ。ミスを隠蔽《いんぺい》しない、透明性のある会社にしなければならない』

会長からいただいた薫陶はこれからも会社全体に徹底して、次の時代に引き継いでいきたいと思っております」（以上で350字程度）

エピソードは一つまたは二つ入れる程度と考えるといいでしょう。

弔辞とは、故人を「送る言葉」であると同時に故人の遺産を「いかに引き継ぐか」というためにあるのだと思います。いのちを引き継ぐわけです。引き継ぐ内容は、できるだけ故人の過去の言動を引用するといいでしょう。

▼「共感」を伝える

また弔辞は、遺族や会葬者《かいそう》に「共感」を伝えるということが重要です（④）。そのためにも「故人のイメージ」を鮮明に出す必要があります。中心はあくまで故人なのです。そして最後は「共感」を伝えることで終わるといいでしょう。

たとえば、

「会長は5年前に社長の座を譲られたとはいえ、会社の精神的な支柱であられました。私たち社員はこの巨大な支柱を突然失い、途方に暮れています。

ご家族の皆様のお嘆きはさぞかしと思います。

会長、あちらに行かれた後も私たちを、ご家族を見守ってください。

以上をもって弔辞といたします」

難しい言葉遣いは不要です。皆に伝わるように、ゆっくり、はっきり（⑤）話すことが大切です。

Q7

「お別れの言葉」とは何か

ご遺族から「お別れの言葉をお願いします」と言われました。弔辞《ちょうじ》とどう違うのでしょうか？

（62歳男性）

A 「お別れの言葉」とは、近年増加傾向にある「お別れ（の）会」や無宗教葬で使われている言葉で、意味としては弔辞と同じです。

弔辞はある格式をもっているのに対し、「お別れの言葉」は形式を重要視しないという点で違いがあります。

ですから弔辞のように巻紙に書き、包むという形式は要求されません。といっても話が冗長になってはいけませんので原稿は用意したほうがいいでしょう。弔辞は読んだ後に「霊前に奉呈《ほうてい》」するものですが、お別れの言葉の原稿は話すためのメモと心得るといいでしょう。しかし、後からその原稿を遺族に求められることがあるので、パソコンで清書し、白封筒に入れて持参するとよいでしょう。

話す内容も、弔辞がとかく「故人の功績を称《たた》える」ものになりがちですが、お別れの言葉は、故人との親密な個人的思い出を中心にお話しするとよいでしょう。

故人と出会って自分はよかったという想いを率直に表現することにより、遺族にとっても慰めになると思います。

長さは3分くらいが目安。葬儀にしても、お別れ（の）会にしても遺族や参列者は緊張しているのですから、あまり長い話は適当でありません。

Q8

お斎に招待されたときは別に包む？

東北にいる叔母《おば》が亡くなりお葬式に行くのですが、葬儀後の法事のお斎《とき》（宴席）にも出てくれ、と言われました。お包みは別に用意したほうがよいのでしょうか？
（55歳男性）

A

私の個人的な体験をお話ししたいと思います。

先日、宮城県に住む母方の叔父《おじ》が死に、葬式に行ってきました。まず自宅に行き、自宅の祭壇《さいだん》に香典《こうでん》を供《そな》えました。葬式の行われた寺にその後行ったのですが、受付で出さなかったもので、皆の受け取る引き物は受け取りませんでした。

葬式後に納骨《のうこつ》し、寺で法事の宴席となりましたが、そこに受付が置かれ、一般のお客は葬式とは別に香典を包み出していました。

私は別に包みを用意していなかったのですが、親族ということで咎《とが》められることはありませんでした。

地域により習慣は異なり、宴席は遺族側のお礼の席だからと別に包みを受け取らないところもあります。

宴席に招待された人は、別に包まないが、その費用分1万～2万円を本来の香典に加算して包むということは一般によく行われます。私もそうしましたが、その地では別に包む人が多かったようです。

東北地方や新潟・長野等は宴席が大掛かりなことが多く、料理や引き物も立派ですから、その席に招待されたならば、その費用分を考慮して香典を包むことは遺族への配慮になります。

一緒に包むか別に包むかは、その地域により習慣が異なりますので、知りたければ、事前に施《せ》行《こう》する葬儀社に習慣を尋ねるとよいでしょう。

ただし、親戚《しんせき》の場合には、別に包むところを一緒に包んだからとて特に問題が起こるわけではありません。

Q9

葬儀後の香典はOK？

親友と電話で話したら、私も若い頃お世話になったお母様が亡くなり、お葬式はご家族だけでなさったことを聞きました。香典《こうでん》だけでも出したいと思うのですが、どうしたらいいでしょう？

（62歳女性）

A　近年は家族葬の形態が増えてきたために、親しくしていた人の死も後から、お葬式も何もかも済んでから耳にすることが多くなりました。

親しくしていた人の場合、それを聞いて何もしないというのは気持ちが落ち着かないものです。その場合、香典かお花でも贈りたいと考えることは自然なことです。

予め《あらかじ》聞かされており、「弔問《ちょうもん》、香典、供花《きょうか》を辞退します」と言われていたなら別ですが、まったく知らされていなかったのですから、聞いた人がその人の気持ちで行動してよいのです。

香典、供花にはいつまで贈るものという期限がありません。たとえお葬式が済んでいようと、一周忌が済んでいようと贈っていいのです。

▼葬儀後の香典の贈り方

家が近いならお友達の家を訪れ、お線香をあげさせていただき、香典を持参するという方法もあります。

しかし、家も遠い、家族の状況もわからないときには、香典を郵送するという方法もあります。現金書留で送りますが、お悔やみの手紙も忘れないようにしましょう。

お花を花屋さんから届けてもらうという方法もあります。その際には大ぶりのものより小ぶりのもののほうがいいでしょう。

遺族にとって、親しい人が故人を悔やみ、手紙一つでもくれるのは、力づけられる想いがするものです。故人を覚えていてくれる人がいるというのはうれしいものです。

遺族としては、いただいた香典や供花に対しては、四十九日《しじゅうくにち》や一周忌あるいは三回忌を期して（基本はいつでもいいのですが）お礼の手紙を送り、場合によっては礼品を添《そ》えます。

▼香典や供花に期限なし

人が亡くなるということは、その家族だけの問題ではなく、故人と親しくしていた人の問題でもあるのです。

弔《とむら》い、お悔やみというのは決まった儀礼というよりは、それぞれの人間としての感情を中心に考えられていいことであろうと思います。

「葬式の案内がこなかった」と怒るのではなく、その死を耳にした時点で、その人のできる弔いをしたらいいと思います。

香典や供花については期限がないというのは、そうした人間的感情の交流の自由を保障しているものだと理解していいのではないでしょうか。

Q10

密葬後の町内会連絡文は？

自治会の役員をしております。先日、長い闘病のすえ亡くなられた方がいらっしゃいます。家族での密葬《みっそう》が執《と》り行われたことの報告を受けました。町内の方々に、その旨《むね》お知らせ下さい、とのことですが、密葬の場合の挨拶《あいさつ》文を、どのように書けばよいかわかりません。

（65歳男性）

A　近年、近親者だけで葬儀（密葬）を行い、葬儀後にお知らせするケースが少なくありません。

次のようなものはいかがでしょうか？

訃《ふ》報《ほう》

○丁目○○番地の○○○○様が○月○日○○歳にてご逝去《せいきょ》されました。

なお、すでにご葬儀は近親者のみで執り行われました。

心からご冥福をお祈り申し上げます。　○○町内会

ご遺族が香典《こうでん》や供花《きょうか》等は受け取らないとの意思であれば、「ご遺族はご香奠、ご供花、ご供物《くもつ》につきましては固くご辞退されております」という文章を、但《ただ》し書きで付け加えます。

なお、密葬前でしたら、次のような文になります。

訃報

○丁目○○番地の○○○○様が○月○日○○歳にてご逝去されました。

心からご冥福をお祈り申し上げます。

なお、ご遺族は、故人の意思で葬儀を近親者のみにて行い、弔問《ちょうもん》、ご香奠、ご供花、ご供物につきましては固く辞退されるとのことです。併《あわ》せてご連絡申し上げます。　○○町内会

第三章

葬儀の種類Q&A

Q1
「葬儀の種類」の基礎知識

お葬式には、どんな種類があるのでしょうか？

（36歳男性）

A　葬儀の種類は、次のようなものがあげられると思います。

●遺体葬《いたいそう》と骨《こつ》葬

葬儀の順序は、一般的には、通夜《つや》→葬儀・告別式→出棺《しゅっかん》→火葬となっています。このような一般的な順序で行われる葬儀を「遺体葬」と言います。

これは昔、火葬ではなく土葬だった時代に、葬儀を行い葬列を組んで墓地に行き、埋葬（＝土葬）していましたが、この土葬が火葬に替わったものです。

これに対して、北海道の一部、東北地方等の関東北部以北、甲信越地方の一部、中国地方や九州の一部では、葬儀・告別式に先立って火葬が行われています。葬儀・告別式に先立って火葬をし、遺骨を前にして行うお葬式を「骨葬《こつそう》」と言います。

この骨葬がいま、見直されています。つまり、死亡直後は近親者だけで密葬にして火葬を済ませておき、時間をあけて遺骨でもって本葬、葬儀・告別式、あるいはお別れ会を行うという方式です。

●密葬《みっ》と本葬《ほん》

「密葬」とは、一般の人々に公開しないで近親者だけで営まれる葬儀のことです。一般の会葬《かいそう》者からの弔問《ちょうもん》を受けるのが告別式ですから、一般の人々には葬儀を案内しないで、告別式を行わない葬式のことです。

年末年始にかけて死亡したときは近親者だけで密葬をし、後に本葬。また、会社の経営者が死亡して社葬にするときは、多方面に案内したり運営の準備に時間が必要なため、死亡直後は近親者で密葬をし、1～2ヶ月後に本葬として社葬をすることがあります。

しかし最近では、本葬を行うことなく、密葬だけで終わりにする形態もあり、この場合、故人と親しかった人たちが「お参りできなかった」と悔いたり、後から「せめてお線香を」と自宅を訪れる人が少なからずいて、大変な思いをするケースもあります。

▼生前の本人をよく知る人だけで葬儀をしたい

●家族葬

日本の葬式の原型は地域共同体葬にあります。葬儀となると遺族は死別の悲しみの中にあるので、遺族は死者の弔《とむら》いに専念させて、運営その他雑事はすべて隣近所の地域共同体が行うというものでした。

高度経済成長期以降、地域共同体の力が弱まる一方、葬儀も社交化して会葬者が増加し、一般的な個人葬で平均会葬者数が約３００人にもなりました。そうすると遺族は参列者や会葬者の接待に忙しく、死者の弔いに専念できないという不満も出てきます。

そこで生前の本人をよく知る人だけで葬儀をしたいという希望が出てきて、その支持を集めているのが「家族葬」です。

この家族葬は新しい用語ですから、厳密な定義がありません。人数は、近親者や本人と親しかった人中心に行うので平均40人程度で80人を上回らないものです。宗教的には無宗教葬もありますが、多くの場合、僧侶等の宗教者を招いて営まれます。

●無宗教葬（自由葬）

葬儀には宗教儀礼が伴うことが一般的です。それは人の死という悲しい事態において、死者（の霊）を人知を超えたものに委《ゆだ》ねる想い、死者（の霊）のあの世での幸せを祈る気持ちがあるからです。

ところが最近、一部ではありますが無宗教の葬儀が行われるようになってきました。葬儀で言う「無宗教葬」とは「無信仰」とは異なり、特定の宗教宗派の方式にはよらない葬儀という意味です。特定の形式が決まっていないため、故人の意思、家族の意思を生かす自由度が高いので、これを「自由葬」とよぶこともあります。

●お別れ会

無宗教葬の場合、「葬儀」と呼ばずに「お別れ（の）会」あるいは「偲《しの》ぶ会」と呼ぶことが一般的です。

しかし、一般に「お別れ会」方式とよばれるものは、死亡直後には近親者で密葬を行い、1〜2ヶ月後に本人の知人・友人に集まってもらいお別れ会を行うもの。密葬では本人や家族の宗旨に基づき宗教儀礼を行うことが多く、お別れ会では無宗教方式が多いようです。

▼いま葬儀は大きな変革期

いま葬儀は大きな変革期にあります。一般的な葬儀も宗教儀礼のもつ意味が減少し、人と人とのつながりが弱くなり、通夜の告別式化に見られるように合理性・便利さ・簡便さのみが追求されるようになってきているように思います。

宗教性、共同性、遺族の悲嘆への共感の3つがもう一度見直されないと、お葬式から大切なものが失われるのではないでしょうか。お葬式が多様化するのは時代の趨勢《すうせい》ですが、葬式が単なる死体処理にならないよう注意することも大切でしょう。

Q2

無宗教葬をしたいのだが……

わが家ではお寺とのお付き合いがありません。お葬式のときにだけお坊さんに来ていただいてもピンとこないと夫も言います。お寺に頼まないお葬式はどうしたらよいのでしょうか？

（71歳女性）

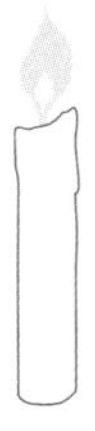

A　決まった宗教をもたない、お寺とのお付き合いがない場合、仏教など特定の宗教宗派によらない方式でもお葬式はできます。この方式を「無宗教葬」と言います。また決まった方式が定まっていないことから「自由葬」とよばれることもあります。

無宗教葬は定まった方式がありませんからどうやってもいい反面、遺族の方も参列する方も慣れていないので、とまどうことが少なくありません。

▼無宗教葬のポイント

無宗教葬を行う場合に大切なことは、次の2点でしょう。

①弔《とむら》いの場であることを明確に

最初に皆で起立して1分間の黙祷《もくとう》をするなどして、この場が死者を弔う場であることを明確にしましょう。

②皆の送る気持ちを表現する

形式ばる必要はありませんから、遺族や参列者の故人を送る気持ちを何かで表現したいものです。二〜三人の方（故人の生前をよくご存知の方）が短く送る言葉を捧げたり、お孫さんが歌を捧げたり、故人の好きだった音楽にしばらく耳を傾けたりと、方法はさまざまです。

遺族や参列者が、色紙や短冊《たんざく》に送る言葉を書いて捧げるのもいいでしょう。

▼無宗教葬は式後に悩むことがある

無宗教葬をして困るのは、むしろお葬式の後です。仏教では仏壇があったり、四十九日《しじゅうくにち》があったりしますから、お葬式後の弔い方が慣習として定まっています。無宗教葬には定まった方式がありません。そこで遺族の方は弔い方で迷ってしまい、このことで苦しむ方もいます。

そこで無宗教葬であっても、日本の喪の慣習を積極的に採用したらどうでしょうか。いまは仏壇でも宗教色のないものがあります。これを飾り、故人との対話の場を作ります。お坊さんを招かなくても、四十九日や一周忌には関係者が集まって思い出を語る会をもちます。自由ですから、慣習としていいもの、慣れているものを採用する自由もあるのです。

お葬式の場でも、「無宗教だから献花《けんか》」といった考えを捨て、皆の慣れ親しんだ焼香でお別れしてもいいのです。

無宗教だから新しい方式というのではなく、いままで慣れ親しんだ方式もこだわらずに採用するということであれば、皆もとまどわずに弔うということに気持ちを集中できるのではないでしょうか。

Q3 墓が寺にあるが無宗教葬はできるか？

家のお墓はお寺にあるのですが、母は父の葬式の戒名料（院号料）のことでお寺が嫌いになり、自分の葬式は無宗教でしてくれと言っています。はたしてこのようなことは可能でしょうか？
（46歳女性）

A　お母様はお寺との間で相当嫌な思いを経験されたのかもしれませんね。お寺にお墓がありながら無宗教葬を希望されるのは、相当なお気持ちだろうと思います。

無宗教葬をするとなると、そのお寺の檀信徒《だんしんと》であること、というお寺の墓地の使用条件に抵《てい》触《しょく》して、お母様の遺骨は、お寺にあるお墓には埋骨《まいこつ》できないという事態も予測されます。

お寺の墓地というのは、「寺院境内《けいだい》墓地」と言い、一般に開放されたものではないからです。あくまでその宗教団体の信者、檀信徒の供養のための宗教施設という位置づけをもっており、公営墓地や民営墓地とは違う性格をもつとされています。公営墓地や民営墓地は（本人の）宗旨を問わないのに対し、寺院境内墓地では宗旨が問われる可能性が高いのです。

墓地の管理者であるお寺が認めれば別です。しかし、寺院境内墓地に埋骨されるためには、そのお寺で葬式をするか、その寺院から戒名《かいみょう》（法名《ほうみょう》）を授かるかして、檀信徒であることを証することが要求されるケースはよくあることです。したがってお母様の葬式をお寺に依頼せず無宗教葬で行うとすれば、お寺にあるお墓には埋骨できない可能性が高いと言わざるを得ません。

しかし、そういう事態を招くということも承知のうえでしたら、お母様のご意思ですから、無宗教葬でお送りするのがいいと思います。葬式の宗旨を決定するのは、まず第一にご本人の意思であるべきだからです。これは基本的な人権に属する問題ですから、いかなることがあっても制限されるべきではありません。

その場合には公営墓地あるいは民営墓地といった宗旨が問われることのない墓地を求める必要が生じます。その際にお寺のお墓を撤去しようとするならば、改葬《かいそう》になり、お寺のお墓は返還する際には墓石等を撤去して更地《さらち》にする必要があります。

Q4
葬儀と告別式の違いは？

お葬式の看板を見ると、「葬儀会場」と書いているのと、「告別式会場」と書いているのがあります。「葬儀」と「告別式」とは、同じものなのですか、それとも違うものなのですか？（41歳女性）

A お葬式の道案内に「葬儀会場」「告別式会場」とあるのは同じ意味です。しかし「葬儀」と「告別式」とは、厳密には同じ意味ではありません。

一般にお葬式で人々の会葬を受ける場は「葬儀・告別式」です。これは本来は「葬儀（式）」と「告別式」とが別個に行われていたのが一緒に行われるようになったためにできた言葉です。「葬儀ならびに告別式」というのがていねいな表現になります。これを会場案内等に書くときには、「葬儀・告別式」と併記《へいき》しないで「葬儀」または「告別式」のいずれかを用いるのが慣用となっています。

▼「葬儀」と「告別式」の違い

「葬儀（式）」とは本来は死者をあの世へ送るための儀式です。ですからしばしば宗教儀礼によって執《と》り行われます。

これに対し「告別式」とは参列あるいは会葬した人たちが、焼香《しょうこう》や献花《けんか》をもって死者に対してお別れをする儀式のことです。

本来は葬儀（式）を行った後に告別式を行いました。いまでも社葬等の場合には葬儀（式）と告別式とを分けて行います。

社葬等の場合は、葬儀（式）は13時から14時まで、告別式は14時からというときには、葬儀（式）に参列していただく方には葬儀の開始時刻を連絡しますが、死亡広告等の一般の方への案内では告別式の開始時刻である14時のみを案内します。

一般の葬式では葬儀（式）と告別式とを分離しないで行うケースが多いので「葬儀ならびに告別式」となります。

▼最近は通夜への弔問も多い

なお、近年は通夜《つや》に会葬《かいそう》される方が多くなっています。本来は通夜は近親者が死者と最後のお別れをする場ですから、特別に死者と親しかった人以外は弔問《ちょうもん》しないものでした。いまでも地方では通夜は近親者だけで営むところがあります。

しかし、昼間は仕事があるので夜行われる通夜にしか弔問できないということで、通夜に弔問する人が多くなったようです。

特に死者と親しかった人は通夜にも、翌日の葬儀・告別式にも両方出ます。それほど親しいわけではないがお別れしたい人は、昼間都合がつくならば告別式のほうへ出るというのが本来です。

しかし、近年は死亡告知において、例えば、

「通夜　11月10日　18時から、告別式　11月11日　11時から」

などと通夜までもが案内されることが多いようです。この場合には、いずれに弔問してもいいですよ、という意味になります。

Q5

「家族葬」とは何か

最近「家族葬」という言葉を聞くようになりました。家族葬は、どう行うのがいいのでしょうか？　また、家族葬では「香典《こうでん》を持っていかない」と聞いたのですが、それは本当ですか？

（42歳女性）

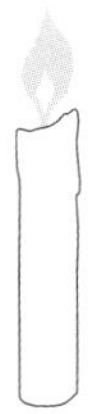

A　「家族葬」というのは、95年頃に登場したばかりの新しい言葉ですので、その内容が定まっているわけではありません。おおよそのところは次のように定義できるでしょう。

「いろいろな人に葬儀の案内をしないで、身内だけでするお葬式」

▼家族葬における「身内」とは？

では「身内の範囲は？」となると、それがそれぞれの遺族の考え方によって変わっているのが実情です。それは各家庭の事情や考え方があるのですから、変わって当然なのです。
一般には、次の3タイプに分かれます。

①遺族のみ
②遺族＋親戚《しんせき》
③遺族＋親戚＋故人と親しかった人

①の範囲のみですと数人〜10人未満というところ、②の範囲では20〜30人程度、③であれば30〜80人程度でしょう。実際には③のタイプが多いようです。
①や②のタイプの家族葬を選択した場合には、後日に友人や関係者を招いて「お別れ（の）会」を開催することがあります。

▼「遺族」の範囲は？

また①のタイプを選択した場合には、「遺族」の範囲をどう考えるか、という問題があります。

私は「遺族とは二親等《しんとう》の範囲」と考えるべきだろうと思っています。

つまり、本人の子ども時代の家族である両親（一親等）、祖父母（二親等）、きょうだい（二親等）と、本人が結婚後につくった家族である配偶者、子ども（一親等）とその配偶者、および孫（二親等）とその配偶者、が二親等の範囲となります。

父親が亡くなったとき、子どもから見れば叔父《おじ》さん、叔母《おば》さんは「遺族」ではなく「親戚」ではないか、と考えがちですが、叔父（伯父）、叔母（伯母）は子どもから見れば三親等ですが、本人である父親にとってはきょうだいで二親等になりますので「遺族」になります。

▼家族葬は香典辞退？

「家族葬」の場合、範囲をどうするかは、それぞれの家庭の考え方によりますが、いずれも「本人と親しかった人」ということになります。ですから葬儀もお別れも参列した皆で行い、参列した人の多くが火葬場まで付き添うということが一般的です。

ですから参列してほしい人にだけ案内し、その他の人には「勝手ながら身内だけで行いますので、ご会葬《かいそう》もお供物《くもつ》もご辞退させていただきます」と告げるのが一般的です。この場合の「お供物」には香典、供花《きょうか》、供物が含まれます。

ただし、葬儀に参列する人の場合は別です。香典、供花、供物は、特別断る理由がなければ、受け取るのが原則です。

「家族葬では香典は不要」というのは、葬儀の案内をされず参列しない人の場合には不要ということで、案内され参列する人は包みます。案内される人は親しい人ですから、むしろ多めに包みます。葬儀後の会食にも出ることを考えると、一人2万〜4万円くらいが目安になるでしょう。もちろんそれぞれの経済状態によっても異なりますが。

▼家族葬の宗教は？

また「家族葬は無宗教でする」という俗説があります。それはあくまでも俗説であって、無宗教でする場合もありますが、一般的には宗教者を招いて葬儀を行います。

通常の葬儀がどちらかと言えば、本人の宗旨よりも家の宗旨に従って行われる傾向がありますが、家族葬の場合には、あくまで本人の宗旨を最も尊重して行われます。

▼家族葬のポイント

家族葬のポイントは、形式ばるのではなく、優しさ、温かさを大切にすることでしょう。皆身内なのですから遺族の答礼はなくてもいいでしょう。挨拶《あいさつ》がどうのというよりも、遺族の悲しみを大切にすることを優先したいものです。また、座る順番もあまり気にしないで「身内だけですので順不同でいきましょう」としてもいいでしょうし、柩《ひつぎ》を皆で囲むようにして葬儀をするのもいいでしょう。

また、最後のお別れ（お別れの儀）は、皆本人と親しかった人なので、一人ひとりがゆっくり故人と対面してお別れできるように、予《あらかじ》め充分な時間をとっておきます。

Q6

「自由葬」とは何か

知人のお母様が亡くなり、「自由葬で行います」と連絡がありました。自由葬とはどんな形式なのでしょうか？　また、香典《こうでん》をお持ちしようと思うのですが、表書きはどうしたらよいですか？
（38歳女性）

A 「自由葬」というのは新しい言葉です。はっきりと定義が決まっている言葉ではありませんが、一般に無宗教葬と同じ意味合いで使用されることが多いようです。

つまり、葬儀を行う形式として「特定の宗教宗派にとらわれずに自由に行うこと」を意味します。

▼増加傾向を示す宗教によらない葬儀

日本では94％の葬儀がなんらかの宗教・宗派に基づいて行われており、また9割近くが仏教による葬儀となっています。ですから、葬儀を行うとなれば仏教で、しかも家が檀家《だんか》となっているお寺の宗派で行うのが一般的とされています。しかし、いま特定のお寺との付き合いがない人が増えたことによって、宗教によらない葬儀形式を選択する人が都市部を中心に少しずつ増える傾向にあります。

各宗教・各宗派は、葬儀の形式をもっています。例えばキリスト教であれば讃美歌がうたわれ、聖書が読まれ、お祈りがあり、牧師による説教が行われますし、仏教ではお経が読まれたり、宗祖の教えが読まれたり、場合によっては戒名《かいみょう》（法名《ほうみょう》）を授ける、引導《いんどう》を渡すなどの葬式作法が行われます。

宗教儀式を行わないということですから、形式も祭壇《さいだん》の飾りも自由ということになります。祭壇を飾るかどうかも自由ということになります。

▼一般的な自由葬の形式

一般には、正面か、棺《ひつぎ》の周囲を生花で飾り、次のように行われます。

①前奏《ぜんそう》（静かな音楽を流す）
②開式
③黙祷《もくとう》
④思い出（故人の生涯をスライド、ビデオ、ナレーションなどでたどる）
⑤お別れの言葉（弔辞《ちょうじ》）
⑥献奏《けんそう》（故人の好きだった曲を流す）
⑦献花《けんか》
⑧遺族代表の挨拶《あいさつ》
⑨閉式
⑩後奏《こうそう》（静かな音楽を流す、この後遺体との最後の対面である「お別れの儀」を行い、出棺《しゅっかん》。
骨葬の場合であれば遺骨の退場を皆で見送る）

場合により⑦と⑧の順番が入れ替わることもあります。

もちろん「自由葬」というくらいですから、決まった形式はありませんから、どういう形式でやろうとかまいません。

仏教の葬儀でお経が読まれるのに対し、音楽が使われることが多い（生《なま》演奏もあります）ので「音楽葬」と呼ぶこともあります。また、これを「お別れ（の）会」と呼ぶこともあります。呼び方も自由なわけです。

欠かしてならないのは、全員起立して「黙祷」を行うことです。お葬式は、形態はどうあれ、故人を弔《とむら》うためにあるのですから、これをきちんと行わないと葬式としては成立しないと思います。

遺族・参列者が心深く、故人を想い、故人のために祈るときをもつということはとても大切なことです。

▼自由葬がもつ問題点

自由葬を行って、しばしば問題になるのは遺族の気持ちの区切りがつきにくいことです。葬式が単なるお別れの場になり、気持ちの深いところで死の厳粛《げんしゅく》な事実に立ち向かうことがなく、死者に対する心の区切りが不充分になることがあることです。

また、葬式を終えた後、死者に対してどう対処したらよいか迷うこともあります。仏教なら仏壇に向かって供養し、四十九日《しじゅうくにち》があり、と追悼《ついとう》の形式が定まっていますが、自由葬ではどうしたらよいかわからなくなってしまうことがあります。

いまは宗教形式から自由な仏壇（記念の道具）もありますし、自由葬だから四十九日をしてはいけないということもありません。形はどうあれ追悼の気持ちを大切にしたいものです。

▼表書きは「お花料」が多い

自由葬、お別れ会などの場合の香典の表書きですが、もっとも多いのが「お花料」でしょう。「故人を弔ってお花をお供えします」という気持ちで出されることが多いからです。

といってもこれも決まったものではありません。もちよる人の気持ちで自由であっていいのです。「御霊前」でも「御香典」でも間違っているということではありません。

Q7

「散骨樹木葬」という言葉を聞いたが……

最近、「散骨樹木葬《さんこつじゅもくそう》」という言葉を聞きました。どういうものですか？

（52歳男性）

A　そもそも「散骨樹木葬」というのは、矛盾した言葉です。「散骨」と「樹木葬」とは、まったく異なるものだからです。

両者の違いについて、以下に説明しましょう。

▼「散骨」と「樹木葬」の違いについて

「散骨」はスキャタリング（原義は「撒《ま》く」）という葬法の日本語訳です。確かに万葉《まんよう》の時代にも散骨はあったようですが、欧米で行われている、火葬した骨を細かく砕いて撒く葬法のことです。

日本では91年に「葬送の自由をすすめる会」（事務局・東京都文京区、安田睦彦会長）が自然環境を守る葬法ということで「自然葬」と名づけて行い、広まりました。

日本では、「墓地以外の場所で遺骨を細かく砕いて撒く葬法」として使われています。

法的には「葬送を目的として行い、国民感情に配慮して、相当の節度をもって行うならば違法ではない」という解釈が有力で、いまや社会的な認知を得たと言ってもいいでしょう。

これに対して「樹木葬」とは、90年代の末に岩手県のお寺で始まりました。こちらは山林を墓地としての許可を受けたうえで、遺骨を直接土中に埋め、上に花木を植えるというものです。

かたや「散骨」は「墓地以外の区域」で行い、「樹木葬」は「墓地区域」で行うものですから、「散骨樹木葬」という言葉がいかにおかしいか、ご理解いただけるかと思います。

散骨は墓地以外の区域に撒くのですから、散骨するための船の使用料等は必要ですが、墓地使用料は発生しません。

また、樹木葬は墓地ですから墓地使用料や管理料が必要です。

▼「散骨樹木葬」はおかしい

「散骨樹木葬」なるものは墓地以外の区域の一定の場所に遺骨を撒き（「散骨だから墓地の許可は不要」との理屈を付けて）、花木を植えるのだからといって使用料まで取っています。いくら葬送が自由とは言っても、このようなものは社会的に許される限度を超えています。やはり「相当の節度」が必要に思われます。

なお最近、「桜葬」というのが現われました。これは樹木葬の一種で、墓地の区域内で桜の木の下に場所を定めて遺骨を共同で埋蔵する形式です。市民団体のエンディングセンターが提唱し、東京都町田市の霊園で始まりましたが山口、千葉と広がってきました。

葬送形態は今後多様になっていくと思われますが、節度が要求されることは言うまでもありません。

Q8

葬式をしないのはOK？

私は子どもに迷惑をかけたくないので、自分の葬式はしないでいいと遺言しようかと思っているのですが、非常識ではないでしょうか？

（65歳女性）

A　いわゆる葬式をしないケース（火葬だけするので「直葬《ちょくそう》」と言われています）は、最近増える傾向にあります。東京23区では20％程度はあると推定されていますから、最先端の流行のようなものです。全国にもこの動きは少しずつ波及《はきゅう》しています。

でも私は、この流れを苦々《にがにが》しく思っている一人です。何か人間のいのちが軽々しく取り扱われているような気がするのです。

▼弔いは人間の本能

一人のいのちがこの世に誕生し、さまざまな紆余曲折《うよきょくせつ》はあったにせよ生きてきたということは、尊いことだと思うのです。どんな人生だったから、とか、社会的立場がどうであったか、ということに関係なく、一つひとつのいのちが尊いものだと思うのです。

そのいのちが人生を終えたとき、そのいのちが尊いものであることを承認し、弔《とむら》う、というのは、いわば人間の本能のようなものだと思うのです。

この弔いを放棄するというのは、不自然というか、人間のいのちに対してもっている自然な感情を否定する行為であるように思うのです。

何も葬式を大きなものにする必要はないのです。集まる人が少なくともいいのです。お金もそんなにかける必要はありません。弔いという行為が大切なのです。

▼家族は葬儀によって死の事実を確認する

お子様に迷惑をかけたくない、とおっしゃいますが、葬式というのは家族の義務ではなく、権利なのです。その権利を奪うことは本人にもできないと思います。

尊厳死《そんげんし》等の死の自己決定権はもとより、死後の自己決定権も、遺言、埋葬されたい場所など各点で認められる傾向にあります。しかしそれには制限があるのです。法律的には公共の福祉に反しなければいい、ということですが、私の考える制限はもう一つあります。それは「家族に対する真の愛情」です。「本人が葬式しなくていい、と言うのだから文句ないだろう」とおっしゃるかもしれませんが、それがあるのです。

死というのは本人だけに起きるものではないのです。家族もまた死を体験するのです。家族は死別による悲嘆（グリーフ）を体験します。遺族となった家族は、その死の事実を確認し、悲しみ弔う自らのグリーフワーク（喪の作業）のためにも葬式を営むのです。

葬式をしないということは、家族に死の事実を曖昧《あいまい》にさせ、悲しむことを抑圧することになりかねません。

弔いというのは、死者本人のために行われ、そのいのちが尊いものであり、その有形無形の財産（人間関係とか愛情とか、いろいろたくさんあります）を引き継いでいく、そして悲しみの中にも送り出す作業です。

▼「好ましい変化」と「好ましくない変化」

人間であるかぎり、誰でも、たとえ家族がいなくとも、弔われる権利がありますし、同様に、遺された家族には弔う権利があるのです。

95年以降、特に2000年以降、葬式がひじょうに変化してきました。このまま変化したら、あと5年後には葬式の風景は一変しかねないほどです。

この変化の中には好ましい変化もありますし、反対に好ましくないものもあります。

好ましい変化という点では、葬式や埋葬が、世間体や家中心だったのが、死者本人中心に営まれるようになったことです。形式ばったことが幅をきかせていたのが、死者との別れを大事にするようになったことです。

そうしたいい変化もあるのですが、反面、人間味が乏しい、死体処理としてしか見えない、あまりにドライな葬式が増えた点は心配です。

近年「家族葬」が人気ですが、家族葬にも、「いい家族葬」と「悪い家族葬」があるように見受けられます。

「いい家族葬」とは、世間体重視ではなく、本人をよく知る、愛する人たちが集まって、丁寧に死者とお別れして、送ってあげようとする愛情に満ちた家族葬です。

他方、「悪い家族葬」とは、死者本人の生前の人間関係を家族が無理やり遮断して、閉ざされた家族だけで、単に安く、簡単に葬儀をして済まそうという動きです。

葬式というのは、伝統や慣習もありますし、それはそれで尊重されるべきですが、本来は、人の死を弔うという単純な行為です。極めて人間的な、人間味のある行為です。

これは迷惑とか負担という次元とは異なります。虚飾《きょしょく》は廃するべきですが、こうした愛情をもっていのちの尊厳を守るという原点は大切にしたいものです。

Q9

「1日葬儀」というのがあると聞いたが……

新聞で「1日葬儀」というのを見ました。1日で終わるならば、わずらわしくないのでいいかな、と思っています。

（70歳女性）

A　最近、「1日葬儀」というのを、新聞や葬儀社のホームページで見ることが多くなりました。

東京新宿区のある葬儀社のホームページを見ると、「1日葬儀」を希望される方には、次のような方がいるようです。

①火葬だけの予定だが、親戚の心中を考えると……

②2日間通夜《つや》・葬儀をしても身内だけだし……

③やはり宗教家へご依頼し、故人に対しての気持ちとして1日だけでもお葬式をしたい……

④その他、「仕事の都合……」「接待予算が……」「火葬だけでは…」というのも「多数寄せられている」とのことです。

▼「1日葬儀」＝「1日で終わる葬儀」という認識は間違い

先日、世田谷区の葬儀社の方に聞いたら、「直葬《ちょくそう》（火葬のみの葬儀）と家族葬の中間の葬儀が増えている。そうしたものを含めると直葬は35％くらいある」ということでした。

「いちにち葬儀プラン」を推奨《すいしょう》している葬儀社もあり、「式にとらわれない、小規模な中にも、心がこもった新しい葬儀の形です。一般的には、通夜式（お通夜）、告別式と2日間にわたって行われる葬儀ですが、1日で執《と》り行う葬儀をご用意しています」と記載しています。

お葬式をしない「直葬」でも、火葬炉前で僧侶に読経《どきょう》をしてもらうという「炉前《ろまえ》の読経」という形態が多いという報告もあります。「故人に対して何もしない」というのは遺族の心中に何がしかの区切りがつかないことや後ろめたさ、あるいは罪悪感等があるということでしょうか。

誤解してはほしくないのですが、「1日葬儀」というのは、「葬儀」が1日で終わることではありません。葬儀というのは、臨終《りんじゅう》の看取《みと》りから始まる一連のプロセスです。儀式としての葬式をしなくても、葬儀はなくならないのです。

仮に火葬だけで済ます直葬にしても、遺族の心の中では葬儀が、少なくとも24時間以上は進行しているのです。

「葬儀」というと、通夜、葬儀の2日間だけというイメージがありますが、それは違うのです。通夜と葬儀だけを取り上げるならば、ある牧師が言うように「同じことを二度繰り返しているようだ」となるでしょう。また、かつては「葬儀・告別式」と言われ、会葬者《かいそう》は通夜ではなく、葬儀に会葬するものでした。通夜は近親者による死者とのお別れの時間でした。現在では通夜の参列者が多く、葬儀に参列する人は少ないため、実態は「通夜・告別式→葬儀」となってしまっています。

最近人気の「家族葬」は、近親者数人から故人や遺族と親しい人数十人と幅がありますが、いわば「告別式のないお葬式」です。「告別式」は一般の人に開かれたお別れであるからです。

「1日葬儀」というのは、葬儀を1日で済ますことではなく、通夜を儀礼として行わないでする葬祭業者の提供する葬儀プランなのです。

言うならば、昔の葬儀の「通夜までは公事ではなく私事として行い、葬儀をもって公事とする」という考え方に近いとも言えます。

昔は近親者による私的な、しかし手厚い弔《とむら》いがあったのですが、それが今日では簡単になったということでしょうか。

▼死者と向き合う時間の大切さ

直葬にしても1日葬儀にしても、葬儀を簡略に済まそうという考え方が見られます。この点が危惧《きぐ》するところです。遺族の心理を考えるならば葬儀は3日間は必要で、できれば5日ほしいところです。これは何もお金をかけることではなく、死者と向き合う時間の大切さ、ということです。

儀礼が大切なのは、死の事実にいやがおうでも直面させてくれることにあります。一時、高度経済成長期からバブル景気に至る間に、いたずらな社会儀礼化が進んだことが誤解を招いた、その反動がいま起こっているのではないでしょうか。

私は「1日葬儀」を、たとえ遺族が希望しても、葬儀社が推奨すべきとは思いません。葬儀というのはプロセスであるという理解を妨げ、遺族のグリーフワークの妨げとなるからです。だからといって「通夜式」という、通夜の社会儀礼化も容認できません。

第四章

戒名・法名Q&A

Q1

「戒名・法名」の基礎知識

「戒名《かいみょう》」とは本来、どういうものなのでしょうか？
（36歳男性）

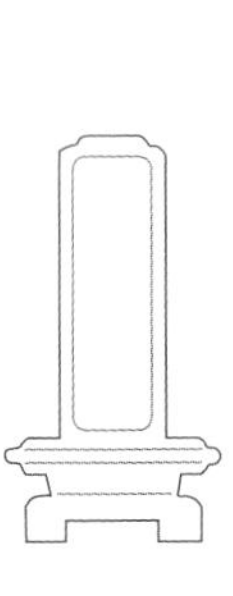

A 「戒名」は「死者につける名前」ではなく、本来は、仏道を志した者が仏弟子《ぶつでし》になるときに授けられる名前のことでした。つまり、出家した人が師僧につけられる名前が戒名でした。

中世に、僧侶にする儀式を模して在家《ざいけ》（一般の信者）に対する葬儀法が形作られたため、死者に対し剃髪《ていはつ》し、戒を授け、仏弟子になった証《あか》しとして戒名を授けるようになりました。

今のように院号、居士《こじ》、大姉《だいし》など位の高い戒名を皆がお金を競って求めるようになったのは、戦後の高度経済成長期以降の悪弊《あくへい》。昔は「○○信士《しんじ》（信女《しんにょ》）」と4字が普通。本来の戒名は「○

○」の2字だけです。院号、道号《どう》、位号《い》などはいわゆる修飾語で、お寺に対する貢献度や信心の深さを僧侶が判断してつけたもので、けっして売買の対象ではありません。

したがって「戒名料」というのはなく、あるのは「戒名を授与されたことへのお礼」の気持ちを「お布施《ふせ》」の形で表わすこと。ですから金額は任意が原則。それぞれの信仰、立場において決めるもの。わからないときは僧侶に率直にたずねてみるのも一つの方法です。

戒名はあくまで仏教に帰依《きえ》し、仏教徒になる証しです。なお、浄土真宗では「法名《ほうみょう》」、日蓮宗では「法号《ほうごう》」と言います。キリスト教、神道など他の宗教では戒名はありません。

本名である俗名《ぞくみょう》での仏式葬も可能ですが、菩提寺《ぼだいじ》への納骨《のうこつ》では戒名が必要となることもあります。

Q2

戒名は自分でつけてよいか？

私は自分の戒名《かいみょう》を、自分でつけたいと思っています。かまいませんでしょうか？　自分の生き方は、自分がいちばんよく知っています。死んだ後に残る名前は自分でつけたいのです。

（70歳男性）

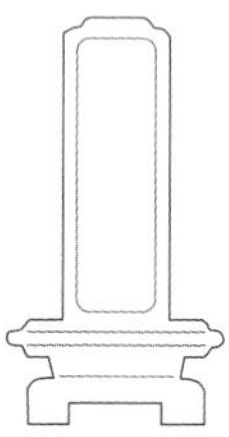

A　「戒名」を「死後の名前」というのは半面の事実でしょうが、それだけではありません。正しくは「仏弟子《ぶつでし》としての名前」です。

ですから仏教徒でなければ、そもそも戒名は不要なものです。無宗教で葬式をするのであれば戒名は不要ですし、また、死後に呼んでほしい名前があれば、昔の人が現職を退いたときに改名したように、自分で自由に名乗ってもかまいません。

ですが、戒名が仏弟子としての名前であることを了解するのであるならば、これは自分で勝手に決めるわけにはいきません。

仏弟子になるとは、法縁《ほうえん》につながるということですから、やはり檀那寺《だんなでら》の住職に付けてもらいたいものです。

自分で付けたいという気持ちには、納得できるような戒名を、というお気持ちがあるのでしょう。そうであるならば住職に自分の生き方をよく説明し、希望の文字があれば伝え、生前に戒名をいただいておくのがよろしいでしょう。


戒名（浄土真宗では法名《ほうみょう》）は、一般的には死後に授与されていますが、仏弟子に連なるという意味からすれば生前に授かるのが本来的です。

生前にもらうのは縁起が悪いとお考えになるかもしれませんが、けっしてそのようなことはありません。

自分を送ってくれる役割の住職には自分の生涯を理解してもらっていないとむしろ不安でしょう。生前にコミュニケーションをよくとっておくことは必要なことです。僧侶は死んでから役に立つ存在ではなく、生きているときにこそ役に立つ存在なのです。

また戒名を授かることにより、残りの人生を充実させることもできるでしょう。

Q3

本名で葬式したらダメか？

私は戒名《かいみょう》が嫌いです。一人の人間として生きてきたのですから、死後も本名でいたいのですが、無理ですか？（70歳男性）

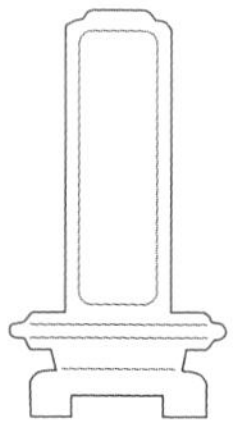

A 誰にとっても本名というのは大切なものです。アイデンティティ（自分が自分であること）の象徴ですから、本名に対する愛着は捨てきれるものではありません。また、捨てる必要もありません。

葬式で戒名（浄土真宗では法名《ほうみょう》）を授かるのは、仏教で葬式をあげるときですから、仏教で葬式をしない、キリスト教や神道、あるいは無宗教の場合には戒名（法名）はつきません。誰でもが死後に戒名を授かるわけではありません。

本来「戒名」は仏弟子《ぶつでし》としての名前ですから、仏教に帰依《きえ》したときに授かるものです。そういう意味では生前に仏教に帰依したときに授かるのが本来です。

しかし、多くの人は生前に戒名を授かる習慣がありませんので、死後に授かることになります。仏教で葬式をあげるということは仏教徒であることを前提として葬式をするのですから、まだ戒名を授かっていない人の場合、葬式の前段階として戒名（法名）を授け、仏教徒として葬送の儀式を行うのです。

仏教に帰依するわけではない。しかし、お経はあげてほしい。というケースでは、戒名をつけずに俗名《ぞくみょう》のまま葬式をあげることができます。このようなときは前もって自分の意思を書き残しておくといいでしょう。

▼菩提寺の住職とちゃんとコミュニケーションすること

しかし、菩提寺《ぼだいじ》があり、そこの墓地に葬られるときには戒名（法名）が必要になるケースがほとんどです。

なぜならば、菩提寺の墓地は檀信徒《だんしんと》用に設けられている。つまりそのお寺の宗教・宗派に帰依した人用の墓地であるからです。

ですから公営墓地や民営墓地等の寺院境内《けいだい》墓地以外に葬られるケースでは、たとえ葬式で僧侶に読経《どきょう》をお願いしても、仏教徒として扱われたくないならば本名で葬式をする、つまり授戒《じゅかい》（受戒）などしないで葬式することもできます。

注意しなくてはいけないケースは、故郷に菩提寺はあるが、東京等、故郷から遠く離れたところで葬式をあげる場合です。ほんとうは菩提寺の住職に来てもらい葬式をしてもらえばいいのですが、そうできない場合です。

一つの方法は菩提寺の住職に戒名をつけてもらい、それを送ってもらい葬式をすることです。もう一つの方法は、葬式は俗名でして、納骨するにあたって菩提寺の住職に戒名をつけてもらいます。

菩提寺に葬られるのに、菩提寺を無視して戒名をつけると、後からトラブルの要因になります。

▼本名と戒名（法名）の両立は可能

ご質問の主旨は本名へのこだわりにあると思います。死後に戒名（法名）がついても、本名がなくなるわけではありません。本名は本名としてあって、もう一つ仏教徒としての名前があるとお考えになるといいのではないでしょうか。

例えば私は、本名のほかに筆名（ペンネーム）をもっています。俳句をやられる方は号をもっています。

それと同じだと思います。私は本名は大切にしていますが、文章を書くとき、仕事をするときは筆名です。本名で仕事をすることはありません。両方の名前に愛着とこだわりをもっています。戒名は、死後の名前ではなく、仏教徒となった証《あか》しに授かった名前と解釈すれば、本名と戒名の両立は可能です。

私の知っている真宗大谷派の僧侶は、名刺に、（　）内に法名を書いていました。私も本名を知らせる必要のある人に対しては筆名・事務所、本名・自宅を両方記した名刺を用意しています。

本名と戒名（法名）は、充分に両立が可能です。

▼菩提寺の住職に希望を述べることはできる

もう一つ戒名（法名）について関連したことを書いておきます。

よく戒名を、自分でつけることができないか、という質問があります。

戒名は筆名と異なり、仏弟子にさせていただいた証しとして「授かる」ものなのです。授かるものである以上、菩提寺の住職に相談もせずに自分で勝手につけることはできません。

しかし、希望があるならば、菩提寺と生前によく相談されたらいかがでしょうか。希望を入れてくれる僧侶もいることでしょう。

死後につける場合でも、僧侶は遺族から話を聞いて、本人の好きだった文字、信条から字をとり戒名（法名）を授けることが多く見られます。

第五章

お墓・遺骨Q&A

Q1

「お墓・遺骨」の基礎知識

お墓や遺骨について、基本的なことを教えて下さい。

（36歳男性）

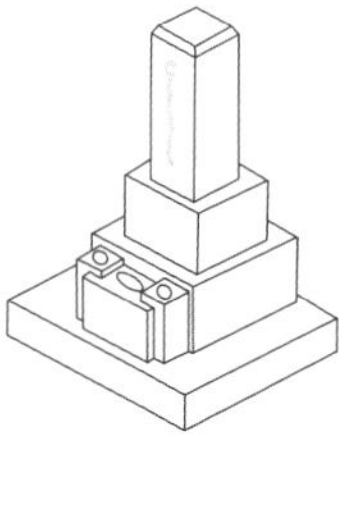

A　お墓や遺骨について、基本的な事柄を述べると、次のようになります。

▼墳墓か納骨堂か

「お墓」と一般的に言っていますが、お墓には大きく二種類あります。一つは「墳墓《ふんぼ》」と言われるもの、住宅で言えば独立型の家屋《かおく》、一軒家《いっけんや》に相当します。墓地に置かれ区画が分けられてそこに建っているものです。それに対して住宅ではマンション等の集合住宅に相当するのが「納骨《のうこつ》堂《どう》」です。

「お墓」と言えば和型の三段墓を想定しがちですが、北海道や九州では納骨堂の利用も盛んです。納骨堂とは一つの家屋の中にたくさんの遺骨収容スペースが設けられたものです。

墳墓にも墓石のタイプで大きく分けて二種類あります。伝統的な和型の三段墓が主流ですが、首都圏では横型の洋型が最近では人気を集めています。

墳墓つまりお墓は墓地に置かれています。この墓地は勝手に作ることができません。都道府県の許可が必要で、経営主体は地方自治体、財団法人、宗教法人に限定されています。実際の許認可の事務は市区町村の保健所が行っています。

株式会社に経営が許されていないのは、墓地の永続性の観点からです。しかし最近では財団法人や宗教法人の倒産もあり、お墓選びには経営主体の財政が健全かというチェックも欠かせません。

昔からあった共同墓地や個人墓地は、継続使用は認められていますが、新しく作ることは認められていません。ですから、自分の家の庭が広いからといって、そこに墓を作ることはできません。

▼法律的には墓の承継者が「祭祀主宰者」

墓地はその性格から、三つに分けることができます。地方自治体の経営する「公営墓地」と、財団法人や宗教法人等の公益法人が経営する「民営墓地」……この二つは一般に「霊園《れいえん》」と言われています。もう一つはいわゆる寺墓地、正確には寺院境内《けいだい》墓地と言われるものです。

一般に「霊園」と言われる公営墓地、民営墓地では宗旨が問われることはありません。宗旨は自由です。これに対して寺院境内墓地はそのお寺の檀家であることが使用条件になります。檀家《だんか》になるのですから、お葬式をその寺の僧侶に行ってもらい、戒名《かいみょう》（法名《ほうみょう》）をつけてもらうのが一般的な原則となります。

また、一般的な表現として「お墓を買う」という言い方をしますが、墓地の土地は「買う」ものではなく「借りる」ものです。「墓所として使用する権利」を買うのです。

期限が定められていないことが多く、そのため「永代《えいたい》使用料」という言い方がされますが、使用者がいる限りということです。お墓の承継者がいなくなると「無縁《むえん》」になり使用する権利は失われます。

お墓の承継者は男子と決まってはいません。結婚し姓が変わった娘でも立派な承継者です。70

年代頃までは「うちは女の子だけだから墓の跡継《あとつ》ぎがいない」と心配されましたが、いまはそのようなことはありません。また、「次男だから墓を別にしなければならない」ということもありません。

法律的には墓の承継者は「祭祀主宰者《さいししゅさいしゃ》」ということで、これは特に本人の指定がなければ「慣習による」となっています。配偶者か子か相談して決めればよく、決まらなければ家庭裁判所が決します。本人が遺言その他で祭祀主宰者を指定しておけば、その人が墓の承継者、つまり使用者となります。

▼お墓の費用は一般的に250万円くらい

墓の使用者の権限は大きなものがあります。誰の遺骨をその墓に入れるかということは使用者の権限です。入れるも拒否するも使用者に権限があります。

兄弟で親の墓を作った。そして長男が使用者となった（使用者は一人です）。その兄が死んで、その兄の息子が承継し使用者になった。弟が自分もお金を出して作った墓だからそこに入りたいと言ったら、甥《おい》が拒否して入れなくなった、というのはよくある事例です。もちろん甥がいいと言えば入れるのです。

お墓の費用というのは、第一には墓所として土地を使用する権利、つまり使用料、第二はその墓所の中に外柵《がいさく》を作ったり、遺骨を納骨するスペースであるカロートの工事をしたりという基礎工事の費用、第三は墓石の費用です。

この三種類の費用が作る際に必要となるお金です。これが一般的に250万円くらいかかると言われています。もちろん郊外は安いし、都心は高いし、墓所も大きければ高いし、小さければ安いです。墓石も和型三段墓は外柵工事もいるし、石の量も多いので高く、洋型のほうが安いです。といっても墓石の材料によっては値段が変わってきます。

費用はほかに毎年管理料がかかります。1万円前後が目安になります。しかし、この管理料は墓地全体の管理のための費用で、その家の墓所内の掃除、草取りなどの管理は自分たちでしなければなりません。それを請け負《お》う業者もいます。

Q2

「永代供養墓」とは何か

永代供養墓《えいたいくようぼ》とは、なんなのでしょうか？　また、その他のユニークなお墓についても教えて下さい。（36歳男性）

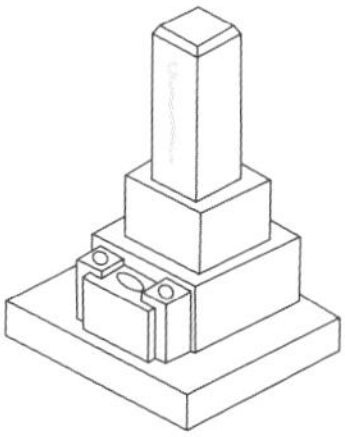

A　一般的なお墓には、家名が墓石に彫られています。これは一般的に「家墓《いえはか》」と言われるものです。この家墓、跡継ぎがいるかぎり代々続いていきますが、跡継ぎがいなくなったらどうなるのでしょうか？

跡継ぎのいなくなった墓は「無縁墓《むえん》」となり，処分されることになります。すると単身者の人、子のない人はどうするのでしょうか？

80年代の後期にそうしたことを背景に誕生したのが、「永代供養墓」です。

▼跡継ぎが不要な永代供養墓

永代供養墓とは、つまり跡継ぎを必要としないお墓です。子孫が代々お墓を守るのではなく、お寺が続くかぎりお寺が面倒をみますよ、という墓です。ただし、これまでの墓が一戸建《いっこだ》てだったのに対し、このお墓は一般的に共同墓の形態をとります。

この永代供養墓は、いま全国で500ほどあります。寺院だけではなく地方自治体も積極的にこの形態のお墓に力を入れています。こちらは「合葬式墓地《がっそうしきぼち》」と言います。

永代供養墓（合葬式墓地）ができたおかげで、単身者、子のない人がお墓に入れるようになっただけではありません。子に死後の世話をかけたくない人もいて、人気を集めています。

▼海や山に砕いた遺骨を撒く散骨（自然葬）

90年代に入ると、「お墓そのものが不要」という考えが出てきました。火葬した遺骨を細かく砕き、これを海や山に撒《ま》き、大自然に還そうという葬法です。

米国等では古くから散骨《さんこつ》（スキャタリング）は行われていました。しかし日本では、遺骨を墓地や納骨堂《のうこつどう》以外に葬ることは、刑法の「遺骨遺棄罪《いきざい》」に該当するのではないかと危惧《きぐ》されてきました。

91年に市民団体「葬送の自由をすすめる会」が、相模湾《さがみわん》で、近代以降ではおそらく最初の散骨を「自然葬」と名づけて行い、大きな話題を集めました。

法律論議はいまではほぼ決着しています。つまり、遺骨遺棄を目的にするのではなく、あくまで「葬送を目的として行い、相当の節度をもって行われるならば違法ではない」という解釈が一定の社会的合意を得ています。

では「相当の節度」の内容ですが、一つは細かく砕くことです。米国のカリフォルニア州法では2ミリ以下と定めているので、それが参考になるでしょう。遺骨の原形が残らない形で、というのが一つの条件です。

もう一つの条件は「他人が嫌がらない場所」で行うことです。生活用水として用いている川、海でも海水浴場や養殖《ようしょく》場の近くは避けられるべきでしょう。

ただ問題は法律論議以外に「遺族の気持ち」の問題があります。いわゆる「お墓参り」という死者を記念する場所をもたないことです。このため遺骨全部を撒くのではなく、一部を残してお墓に納める、家の仏壇に置く、という選択肢もあります。

▼自然と墓の共生を目指す樹木葬

墓が問題になったのは、跡継《あとつ》ぎの問題だけではありません。高度経済成長期以降、大都市に人口移動が激しく、それにつれて大都市に移住した人々が核家族単位で墓を求めるようになった結果、大都市周辺の森林が墓地に造成され、自然破壊を引き起こしたという問題があります。そうした問題意識が「自然葬」の発想に結びつきました。

それなら墓を造ることが自然を守ることになる道はないのか、と考えて「樹木葬《じゅもくそう》」は誕生しました。樹木葬は山林を墓地として許可を得るのですが、その後が違います。その墓には墓石がないのです。骨壺《こつつぼ》も使用しません。土を70センチ以上掘り、遺骨を埋め、土を埋め戻し、墓石の代わりに花木を植えるのです。そして墓地を購入したお金を基金にしてその山林の自然を守り、再生しようとするものです。

樹木葬は99年に岩手県一関市《いちのせきし》に誕生、山口県、千葉県にもその動きは伝わりました。東京でも墓地の一角に桜の木を植え、その周辺に遺骨を埋める「桜葬」が誕生して人気を集めています。

お墓というのは一見古いものの代名詞のようですが、さまざまな生き方、考え方を反映した時代の最先端にいまあるのです。

Q3

分骨したいのだが……

実家の母が、同居していた兄嫁と折り合いが悪いために、私たち一家と同居して10年になります。母は死後、父の墓だけでなく私たち一家の墓にも分骨《ぶんこつ》して入れて、ずーっと私にも守ってほしいと言っています。夫も兄もかまわないと言ってくれています。ところが、この間その話を友人にしたところ、分骨すると魂が分裂してよくないことが起こると言われてしまいました。そんなことがあるのでしょうか？

（51歳女性）

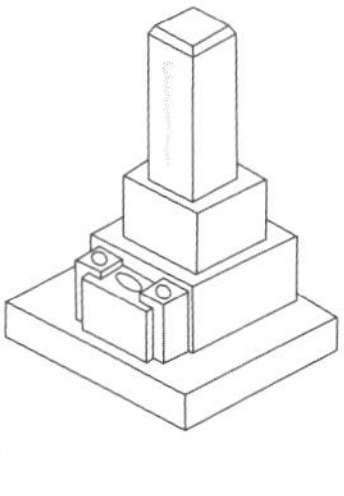

A　分骨すると悪いことが起こると言われることがありますが、すべて根拠のないことです。

その証拠に、昔から高野山《こうやさん》などの本山に喉仏《のどぼとけ》部分の骨を、その他の部分の骨は自分の家の墓に分骨するという慣習がありますが、それによって不幸が起こったという話は聞きません。

葬儀には「〇〇すると縁起《えんぎ》が悪い」という類《たぐい》の話が多く聞かれますが、いずれも根拠のないものです。要はその人の心のもちようです。

例えば、あなたが義姉に張り合うことだけを目的にして分骨を主張するなら、分骨しないほうがいいでしょうし、あなたも身近なところでお母様をお守りしたいと純粋に思っているなら、分骨もいいでしょう。

なお、分骨する際には、火葬に先立って分骨容器を用意し、火葬場で火葬証明書を発行してもらいましょう。本骨には火葬済の証印が押された火葬許可証がありますが、分骨も納骨《のうこつ》の際に証明書の提出が求められるからです。

Q4

墓守りの負担を子どもにさせたくない

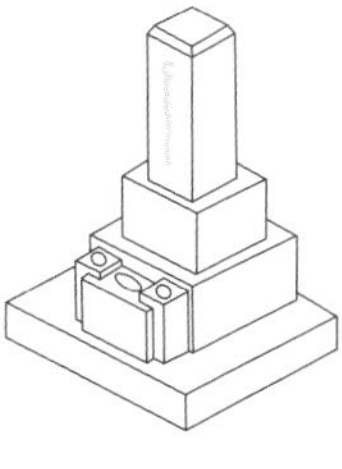

私は次男坊なため、わが家には墓がありません。そろそろ私たち夫婦の墓を用意したいと思っています。しかし、息子は海外駐在ですし、娘は関西に嫁にいきましたので、私たちの墓を守る負担を子どもにはかけたくありません。（63歳男性）

A　80年代の後期からお墓の事情は大きく変わってきています。いままでの「○○家の墓」の場合、お墓を守る人が必要でした。

しかし、核家族となり少子化が進み、跡継《あとつ》ぎのいない人、跡継ぎとなる子がいても子に負担をかけたくない人が現われ、お墓のシステムも変化してきました。

その代表的なのが「永代供養墓《えいたいくようぼ》」と言われるものです。跡継ぎがいなくてもお寺が責任をもって守るという形態の墓です。多くは共同墓の形態になっています（公営の場合には合葬《がっそう》式墓地と言われます)。

しかし、これに問題がないわけではありません。管理がきちんとしている寺か、信頼できる寺であるかということです。よく事前に調査し、値段だけではなく、心から託すに足る寺か面談して選ぶ必要があります。

また、お墓というものは死者のためだけにあるのではなく、遺《のこ》された者のためにもあるということを忘れてはいけません。

お子様方が管理料を支払ったりの墓守りをする義務はなくても、お墓参りしたいという気持ちになったら、気持ちよくお墓参りできることも考えておきましょう。

その意味では、お二人のお子さんともよく話し合って、家族が納得できるお墓選びをしたいものです。

近年では跡継ぎを必要としない形態では、自然に還す樹木葬、30年・50年と使用期限を定めた有期限のお墓などいろいろあります。それぞれの死生観に合わせて選択するとよいでしょう。

Q5

散骨したいのだが……

父は昔船員をしていた関係で、生前「俺の遺骨は太平洋に撒《ま》いてくれ」と言っていました。散骨《さんこつ》する場合に、どのような点に気をつければいいのでしょうか。どこかに届け出る必要はあるのでしょうか？

（56歳女性）

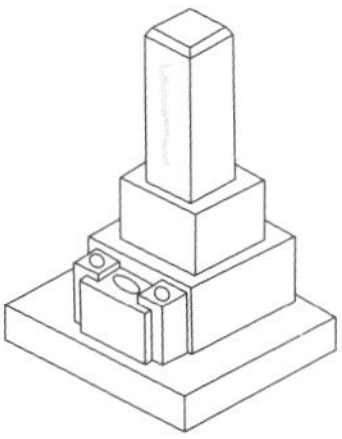

A　まず「散骨」の定義ですが、「焼骨《しょうこつ》を粉末状にして、墓地または墓地以外の場所に焼骨を撒布《さんぷ》すること」となっています。「焼骨」とは火葬された遺骨という意味です。

次に、法律的なことについてお答えしておきましょう。散骨は「遺骨を捨てる目的ではなく、あくまで葬送を目的として、相当の節度をもって行うならば違法ではない」というのが現在の有力な法解釈となっています。お父様の遺志であるならば「葬送目的」となるでしょう。問題は「相当の節度」の内容です。これについて定めたものはありませんが、常識的には次のようになるでしょう。

第一に、遺骨を原型を留めないように粉々に砕く。第二に、他人が嫌がらないような場所に撒く。第三に、撒くことで環境汚染にならないように注意する。

アメリカでは2ミリ以下にするよう定めた州法もあります。海であれば海水浴場や海岸線の近くは避け、沖合いに出て行うべきでしょう。また、遺骨と一緒にビニールで梱包《こんぽう》したままの状態で生花を海に投ずることなどは海を汚すことになるのでやめたいものです。

いま、散骨サービス事業者も出てきました。こうした事業者は遺骨を細かく砕くミキサーを保持しているところが多いようです。このような粉骨《ふんこつ》を提供してくれる事業者もあります。

散骨は、法律的に明文化されてはいません。そのため届け出たり、許可を受ける必要はありません。しかし、どうやってもいいわけではないことは上述したとおりです。

なお、散骨されることはご自由ですが、遺骨全部を散骨した場合、遺骨が手元に残らないために、後に寂しいと感じられる人もいます。その場合、遺骨一握りを手元に置き、仏壇に安置したり、家のお墓に納めるという方法もあります。手元供養という方法もあります。

ご家族でよく相談なさって、悔いのない葬《ほうむ》りをしてください。

Q6

叔母は実家の墓に入れない？

独身を貫いた叔母《おば》（父の姉）のお墓のことです。祖母が亡くなったとき、きょうだいでお金を出し合って実家のお墓を作ったのですが、いまお墓を守っている従兄《いとこ》（父の兄の長男）が「叔母さんは墓に入れない」と言ってきてガッカリしています。（42歳女性）

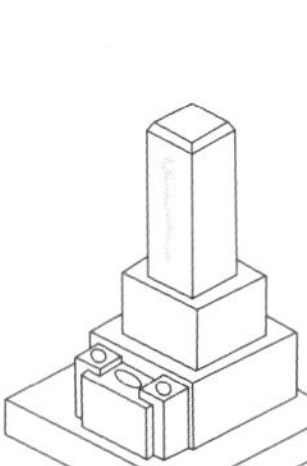

A　叔母様からすれば、実家のお墓を作ったときに、自分もお金を出したから、当然実家のお墓に入る権利があるとお思いでしょう。

私もあなたの従兄の方が気持ちよく叔母様が実家のお墓に入るのを了解されるのが、いちばんいい解決方法だろうと思います。

話し合ってそういう解決になることを願っています。

▼墓の使用権をもつ人の承諾が必要

しかし、従兄の方がどうしても了解されない場合、そのままでは叔母様は実家の墓に入ることができません。現在、お墓の使用者は従兄の方になっていると思われます。使用権がその方にあるので、その使用権をもっている方の承認なしには、誰であってもそのお墓に入ることはできません。

そもそもお墓というのは民法でいう「祭祀《さいし》財産」です。祭祀財産の管理者（祭祀主宰者）は通常、一人です。

おそらくお祖母《ばあ》様のお墓を作られたとき、お金は皆で出されても、長兄の方の名義にされたのでしょう。その段階で長兄の方が祭祀主宰《しゅさい》者となり、長兄の方が亡くなった後、従兄の方が祭祀主宰者の地位を承継されたのでしょう。ですから実家のお墓については、いま従兄の方に権利があるのです。

従兄の方の権利を制限するには、長兄の方が、存命中に叔母様のお墓の使用について公正証書を作っておく必要がありました。長兄の方が妹である叔母様がお墓に入ることを承認した公正証書があれば、いくら従兄の方が後から「入れない」と主張しても、叔母様は実家のお墓に入る権利があります。

▼法律的に争う余地はある

では、叔母様は従兄の方が反対される限り、絶対に実家の墓に入れないかと言えばそうではありません。法律的に争う余地はあるでしょう。

お祖母様が亡くなってお墓を作るとき叔母様が資金を負担したということは、叔母様は当然にも自分も死後入ることを前提としており、当時、お墓の祭祀主宰者であった長兄の方も了解済みだったと理解することも可能だからです。

裁判に持ち込む場合は叔母様が請求人になります。

Q7

お墓を移すには？

田舎の寺にある祖父母の墓を現在の居住地に移したいのですが、手続きと費用を教えて下さい。

（62歳男性）

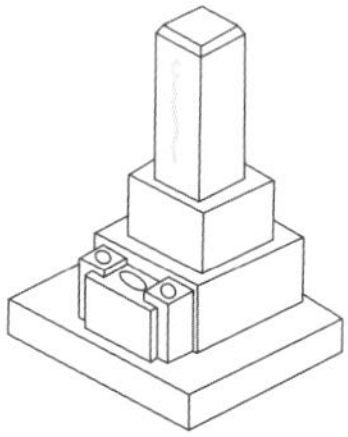

A　法律的な手続きとしては、①いまある田舎のお寺にお祖父《じい》様とお祖母《ばあ》様の遺骨があることを証明する埋蔵証明書を発行してもらい、②田舎のお墓のある市区町村役所に行って改葬《かいそう》許可申請書を提出し、改葬許可証を得ます。③新しく移る墓地に改葬許可証を提出します。

埋蔵証明書（納骨堂《のうこつどう》の場合は収蔵証明書）、改葬許可証は一人分ずつ必要なので、2枚ずつ必要になります。移転先の受入証明書の発行を求められる場合もあります。

法律的には以上ですが、実際にはお寺との交渉が問題になるケースがあります。田舎のお寺としては檀家《だんか》が一つ減ることになるために改葬を歓迎せず、埋蔵証明書をすぐ発行してもらえない場合があります。まずお寺にうかがい、よく事情を説明し、住職に納得してもらいましょう。

なお、いままでのお墓は使わなくなるわけですから、ご住職に供養をしていただきます（閉眼《へいげん》供養）。このためのお布施《ふせ》はいままでお世話になったことへのお礼と合わせて10万～20万円くらいが相場でしょう。

また、いままでお墓として使用した場所は、更地《さらち》にして戻す必要があります。この工事は石材店に頼むことになりますが、墓石の撤去費用も含めて１㎡あたり10万円が目安になります。３㎡の普通のお墓の場合には30万円が目安になります。石碑《せきひ》を新しい墓地に移す場合には、これに輸送費《ゆそうひ》が加わります。

▼新しい墓地を求めるときは

新しく墓地を求めるときには、使用料が公営の場合には15万～30万円程度、民営の場合には首都圏では１㎡あたり60万～80万円が目安になります。

これに工事費が加わりますが、石碑のデザインと石材によって大きく変わってきます。

和型の三段のケースでは１㎡あたり石碑と外柵《がいさく》、基礎工事で１５０万～２００万円が目安になります。芝生《しばふ》の公園墓地で洋型の墓石ならば60万～80万円くらいが目安です。

信頼できる石材店を選ぶことが大切で、石材店で霊園《れいえん》の紹介をしてくれます。石のことにも納得できる説明をしてくれるお店を選びましょう。工事にあたって見積書《みつもりしょ》と図面を提出してくれるところが最低条件です。くれぐれもブローカーに任せないことです。

▼慎重に計画を立てよう

お寺の墓地にするならば、田舎のお寺と同じ宗派のお寺にするのが無難です。

新しく檀家になるので、入檀料として10万～20万円を用意しましょう。この分、お寺の墓地が民営より費用が高めになります。

また、新しいお墓ができたときには仏教では僧侶に供養をしてもらいます（開眼《かいげん》供養）。このお礼として5万～10万円お布施を用意します。

お墓を使用するには管理料が毎年かかりますので霊園で金額を確認しておきましょう。公営は安価ですが、民営の場合1㎡あたり5000～8000円くらいかかります。

お墓の引っ越しは、手続きも費用も意外とかさむものです。慎重に計画を立てる必要があります。

Q8

父の遺骨が納骨を断られたが……

父が他界したのですが、父の弟と父の遺骨を先祖代々の墓に入れる、入れないでトラブルになっています。お墓は田舎にあり、先祖代々の遺骨が納められております。父はいまから30年ほど前に実家を出て、その後は祖母は父の弟と同居してきました。父の弟は今回、父は勝手に実家を出ていったのだから墓は自分で探すのが筋である旨《むね》、主張しています。祖母は父が先祖代々の墓に入ることを望んでおり、亡くなった父も同じことを望んでいました。

（28歳男性）

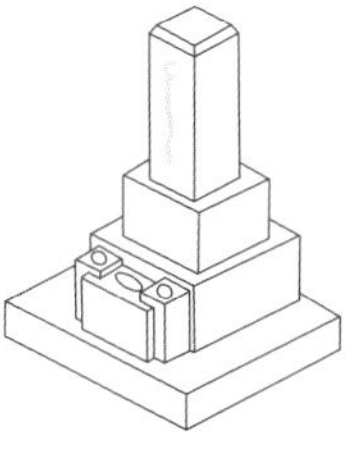

A　問題は実家のお墓の使用権をどなたがもっているかです。お祖父《じい》様が亡くなった後、お祖《ば》母《あ》様が使用者となっているのであれば、お祖母様も希望していることであるし、いくら叔父《おじ》様が

反対しようと、お父さまの遺骨を実家の墓に納骨《のうこつ》することができます。

長男であるお父さまが使用者になっていたならば、これも使用権はあなたなりのご家族が承継することになるはずですから問題はありません。

問題は叔父様が使用権をもっている場合です。お父様が30年前に実家を出られたときに、実家の面倒を見てもらうために、その墓の使用権を弟である叔父様に譲られているのであれば、実家の墓に誰が入るか入らないかは叔父様が決定権をもつことになります。

法律的にはお墓の使用権者が決定することになっており、墓地の管理者も使用権者の承諾なしには勝手に納骨を許可することができません。

法律的には誰が使用権を有しているかですが、これはお祖母様、お父様の弟である叔父様の家族の問題です。お父様も実家を出たとはいえ実家の墓に納骨されることを希望していたことを伝え、お願いするのがいいでしょう。

もし、叔父様が使用権者で、どうしても承諾していただけないときには、お父様のために別にお墓なり納骨堂を用意する必要があります。しかし、納骨はすぐしなくてもいいのですから、一時預かりをお寺や納骨堂にお願いしておき、しばらく時間を置いてからまた相談することも一つの方法であると思います。

Q9

自宅の庭に散骨してよいか？

私は自分の家が気に入っています。死んだ後、自宅の庭に散骨《さんこつ》してほしいのですが、かまいませんか？

（78歳男性）

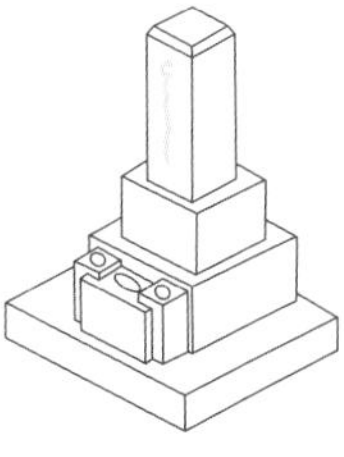

A　散骨というのは遺骨を細かく砕き散布《さんぷ》することをいいます。刑法では遺骨遺棄《いき》を禁じているので捨てる目的ではなく、あくまで葬送を目的として、「相当の節度」をもって行われることが求められています。

「相当の節度」というのは、第一には、原型が残らないように細かく砕いて撒《ま》くということです。第二は、他の人に迷惑がかかる、嫌がられるような場所は避けるということです。

ですから海水浴場、養殖《ようしょく》場、生活用水として使用する川等は避けるべきでしょう。また、人々が遊ぶ公園等も適当ではないでしょう。

自分の家の庭なら誰にも迷惑がかからないと思うでしょうが、近所の人の感情を考慮する必要があるでしょう。

また、その家が将来にわたって保持されるのならいいでしょうが、将来売られるということも考えられます。周囲の家の人たちの納得が最低条件です。将来のことまで考えると、散骨は海や山の大自然に行ったほうがいいと思われます。

また、形式的に細かい話をすると、散骨した場合、上に土をかけると「埋蔵」になりますから、埋蔵するならば墓地でなければなりません。墓地は許可を得た場所でなければならず、自宅を墓地とすることはできません。

散骨というのは万葉《まんよう》の時代にも行われたようですが、近代では新しい葬法です。誤解を受けない方法で行うのが適当だと思われます。

ちなみに自宅の庭への散骨について司法の判断は、いいとも悪いともまだ出ていません。

Q10

自宅に遺骨を保管したらダメか？

夫が死んで四十九日《しじゅうくにち》を迎えます。遺骨をこのまま家に置いておきたいのですが、できますか？

（76歳女性）

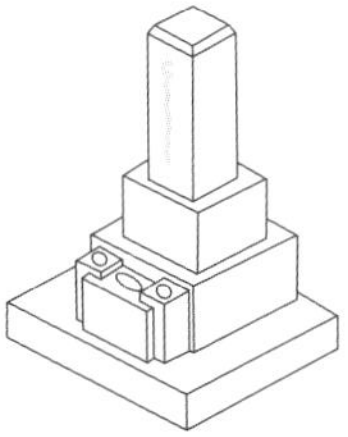

A　結論から言えば、ご夫君の遺骨を、ご自分が納得するまでご自宅に置いておいてかまいません。
法律上のことを言えば、遺骨を他人に預けるのであれば預け先は納骨堂《のうこつどう》になりますが、ご家族がご自宅に保管するのは問題ありません。期限上の制限もありません。

また、精神健康上もご自宅に保管し、ご自分の手元に置いておきたいならば、そうされるのがいいでしょう。

また、気持ちの区切りがついて、お墓等に納骨してもいい、と思ったならば納骨する、ということでよろしいかと思います。

かつては四十九日までは手元に置いて供養し、四十九日が過ぎたら納骨するという慣習がありました。しかし、それには前提があります。ご家族の気持ちに区切りがついたとするならば、です。

「いつまでも手元に置くと気持ちに区切りがつかないから、四十九日過ぎたら、気持ちに区切りをつけるためにも納骨したほうがいい」

と主張される人もいます。しかし、無理して区切りをつける必要はありません。また、手元に置いておいたほうが気持ちが安らぐというのでしたら、それでいっこうにかまいません。

こういうことは他人が決めることでも、慣習が決めることでもありません。あくまでご自分の気持ちで判断してよいのです。

夫の遺骨を最期まで手元に置いておき、自分が死んだら一緒に納骨してくれるよう遺言した女性がいます。配偶者を亡くすということは死別でも特別なことです。この気持ちは充分に理解できることです。

Q11

友人と一緒のお墓に入りたいが……

私は離婚し、現在友人と一緒に暮らしています。二人でときどき相談するのですが、友人と一緒のお墓に入ることはできないでしょうか？

（63歳女性）

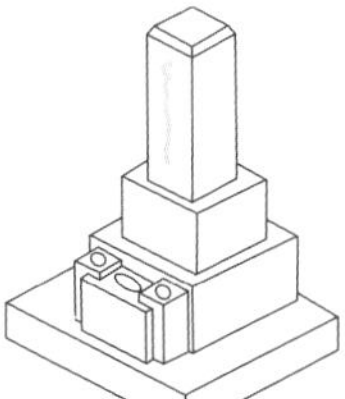

A　お二人にそれぞれ家族があり、またお墓があった場合、そのどちらかの家の墓に入る、という場合には問題が生じます。

その場合、入ろうとするお墓の使用者（きょうだいなり甥《おい》・姪《めい》なり）の許可を必要とします。使用者からすれば実の妹の遺骨はいいが、妹の友人とはいえ他人の遺骨を自分の家の墓に入れることを了解するだろうか、という問題です。

一番目の関門は使用者が埋葬を許可するか、です。使用者が許可し、第一関門を突破すると、今度は墓地の使用約款《やっかん》なり使用規則が問題になります。墓地によっては親族以外の埋葬を拒否する規定を設けているところがあるからです。

この第二関門も無事通過すれば、お二人はどちらかの家のお墓に一緒に入ることができます。

お二人が無条件で一緒に入ることができるお墓があります。

それは永代供養墓《えいたいくようぼ》、合葬式墓地《がっそうしき》、樹木葬《じゅもくそう》を選ぶ場合です。申し込みはお二人別々になることが多いですが、こうした継承者を必要としないお墓の場合には、お二人が一緒に入ることができます。

お二人だけのお墓を新たに、というご希望の場合には、難しい問題があります。

まず約款や規則で親族以外の埋葬を許可している霊園《れいえん》を選びます。次は名義の問題が出てきます。共同名義はありませんから、どちらかの名義になります。この場合、お二人の死後、お墓を守ってくれる人がいる方が必要になります。お二人だけの墓、とはいっても、やはりお墓の守り手が必要になるのです。

Q12

子どもは娘だけ、お墓の跡継ぎは？

わが家には子どもは娘だけ二人。二人とも結婚して他姓を名乗っています。私たち夫婦が死んだ後のお墓はどうなるのでしょうか？

（65歳男性）

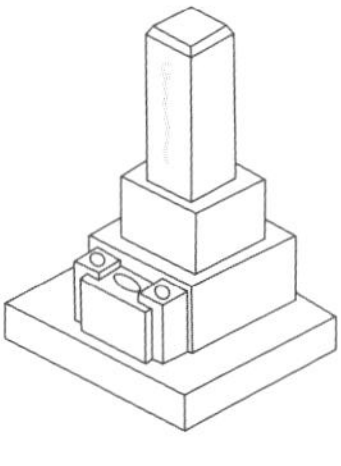

A　まず結論から言えば、娘さんがいらっしゃるのですから、お墓は娘さんに継《つ》いでもらうことで問題がありません。お墓の跡継《あとつ》ぎは男性という決まりはありません。

娘さんが結婚して他姓を名乗ったとしても、戦前のように結婚することは相手の家の人間になるわけではありません。いま、夫婦別姓が議論されていますが、仮に姓が変わろうと、夫婦で新しい世帯をもつことで、けっして相手の家の人間になるわけではありません。

もし仮にお子さんがいなくて、お墓を承継する適当な人がいない場合、自分たちの死後30年などの管理料を事前に支払うことで、霊園に交渉することは可能でしょう。

それが不可能なら、跡継ぎ不要の墓に替えることができます。その代表的なのが「永代供養《えいたいくよう》墓《ぼ》」と言われるものです。公営の場合には「合葬式墓地《がっそうしき》」と言われます。

しかし、これに問題がないわけではありません。特にお寺の墓地の場合、管理がきちんとしている寺か、信頼できる寺であるかということをよく事前に調査し、値段だけではなく、心から託すに足る寺か面談して選ぶ必要があります。

また近年では跡継ぎを必要としない形態では、自然に還す樹木葬《じゅもくそう》（これにも都市型と地方型がありますん）、30年・50年と使用期限を定めた有期限のお墓などいろいろ生まれてきています。

ご夫婦（あるいはお子さんがいる場合はお子さんも含めて）でよく相談し、選択するとよいでしょう。

第六章

法事Q&A

Q1

「法事」の基礎知識

法事とは本来、どういうものなのでしょうか？　また、どのようにして行うものなのでしょうか？
（36歳男性）

A　人が亡くなるとするべきことはいろいろありますが、その一つが法事です。

▼節目の四十九日には法事を行う

法事にはどういうものがあるか、列挙してみましょう。

まず、四十九日《しじゅうくにち》があります。本来は死後7日ごとに四十九日まで法事を繰り返します。初七《しょなの》日《か》（7日目）、二七日《ふたなのか》（14日目）、三七日《みなのか》（21日目）、四七日《よなのか》（28日目）、五七日《いつなのか》（35日目）、六七《むなの》日《か》（42日目）、七七日《しちしちひ》（49日目）の7回です。

このうち初七日は葬儀の当日に繰り上げて行うことが多く、普通はその後三十五日あるいは四十九日に法事を行います。地域によっては四十九日まで毎週僧侶が自宅を訪問してくれるところがあります。

四十九日（場合によっては三十五日）までは自宅に後飾《あとかざ》り壇《だん》（中陰壇《ちゅういんだん》）を飾りますが、四十九日を期してこれを撤去します。

位牌《いはい》はそれまで葬儀のときに使用した白木《しらき》の位牌を用いますが、塗り位牌を作り、これを仏壇に納めます（浄土真宗の場合は位牌を作りません。法事のときは法名《ほうみょう》を書いた法名軸をかけます）。

四十九日は節目です。親族やお世話になった方に集まっていただき法事をします。場所は自宅あるいはお寺が本来ですが、料理屋、レストラン、ホテル、葬儀会館（斎場《さいじょう》）が用いられることが多いようです。

僧侶による法要の後、会食をします。まず喪主《もしゅ》が挨拶し、僧侶に献杯《けんぱい》の音頭《おんど》をとってもらい会食に入り、最後にまた喪主が挨拶《あいさつ》し、帰りには引き物を渡します。

▼特に大切にされる一周忌と三回忌

四十九日の後は百ヶ日、一周忌、三回忌（2年目の命日）、七回忌（6年目の命日）、十三回忌（12年目の命日）、三十三回忌（32年目の命日）となります。3と7にちなんだ十七回忌、二十三回忌がもたれることもあります。

この中で特に大切にされるのが一周忌と三回忌です。1年目と2年目の命日です。ここまではまだ悲しみが強い時期です。また、命日ということで辛い思いがぶり返しがちです。遺族のこうした悲嘆のぶり返しを「記念日反応」といい、命日のほか、故人の誕生日、結婚記念日、旅行した記念日などにも起こりがちです。

七回忌（6年目の命日）ともなると通常は悲しみよりも思い出の感情が強くなります。しかし、子どもを亡くした場合などは七回忌といえども悲しみが癒《い》えないことがあります。

また、命日や月の命日（月忌《がっき》といいます。6月23日に亡くなったら毎月の23日）にはお墓参りをする人が多く、春や秋の彼岸《ひがん》、夏のお盆にもお墓参りをすることも多いです。

亡くなった後の最初のお盆（四十九日が過ぎた後）は新盆《にい》あるいは初盆《はつ》といい、親族を集めての法事を行うことが多いようです。

【法事の時期】

【百ヶ日まで】

◎初七日（7日目）

葬儀当日に行うことが多い

◎二七日（14日目）

◎三七日（21日目）

◎四七日（28日目）

◎五七日（35日目）

◎六七日（42日目）

以上は遺族など内輪で行う

◎七七日（49日）

忌明けの法要、親戚や親しい人が集まり行う

◎百ヶ日

【年忌法要】

◎一周忌

親戚だけではなく友人・知人が集って行う

◎三回忌（満2年目）

◎七回忌（満6年目）

◎十三回忌（満12年目）

◎十七回忌（満16年目）

以上はごく内輪で行う

◎三十三回忌（満32年目）

「弔い上げ」といい最終とする

◎五十回忌（満49年目）

◎百回忌（満99年目）

法事は一般に三十三回忌で終わりにします（場合によって五十回忌まで）。それをもって弔《とむら》い上《あ》げとし、以降は仏壇の位牌も故人のものを撤去して先祖代々の霊に合祀します。

これは30～50年も経つと世代交代が進み、生前の故人をよく知る人が少なくなるという事情を反映したものでしょう。

▼法事に出席するときの服装や香典

法事の際の服装ですが、遺族は三回忌までは黒を着用しますが、七回忌以降は黒を着用しません。黒は喪に服していることを表わしているので、喪に服するのは一周忌（場合により三回忌）までだからです。その後は黒以外の服装でかまいません。

法事に招かれた人は四十九日を含め、黒を着用する必要はありません。きちんとした服装であればいいのです。

法事の案内はできれば1ヶ月前、遅くとも2週間前に発送し、出欠の返事をもらいます。

法事の案内を受けたら、原則出席したいものです。香典《こうでん》を包みますが、この場合の表書きは仏教の場合、「御仏前」「御香典」などとなります。食事や引き物も出るので1万円以上・3万円以内の範囲で包むといいでしょう。法事は、一般に僧侶へのお布施を除き一人あたり1万円から1

万5000円かかります。したがって包むのは2万円くらいが適当でしょう。四十九日（場合により三十五日）には故人が生前特にお世話になった方へ法事の終了の報告とお礼の挨拶をし、お礼の品物を贈ります。

遺骨のお墓への納骨の時期は決まっていません。遺族が手元に置いておきたいならば、いつまでも置いておいてかまいません。

一般には法事の開催に合わせて納骨を行い、法事に参加した人が納骨に立ち会うケースが多いようです。東北地方では葬儀当日に納骨するケースが多く、その他では四十九日、一周忌、三回忌などに合わせて納骨するケースが見られます。

故人のこうした追悼《ついとう》の催しは、仏教以外の場合、神道では五十日祭、百日祭、一年祭、五年祭などを行います。キリスト教の場合は定めがなく、1～3ヶ月後の月命日、1年後の命日などに記念会がもたれることが多いようです。

無宗教の場合は定めがありません。しかし仏教の法事を参考にされるといいでしょう。

Q2

家にいる者が法事をする？

兄と二人きょうだいです。兄は大阪で家庭を営み、私は結婚しましたが実家で老母の世話をしています。父の十三回忌が近づきましたので兄の家に電話をしたところ、兄嫁が「いまは長男の責任という時代ではなく、家にいる者の責任の時代」と言います。兄が喪主《もしゅ》なはずなのに、納得できません。

（50歳女性）

A　お父様のご葬儀はお兄様がなさったので、あなたとしては法事についてもお兄様が喪主を務め、計画等を立てるのが当然で、妹であるあなたがいろいろ差配《さはい》することは出すぎたことだと考えられたのだと思います。

それに対してお兄様の配偶者は、あなたが実家にいるのだから大阪に出てきたお兄様ではなく、

あなたが法事の差配をすべきだと言っているのでしょう。

▼きょうだいが共通して責任を負うべき

ここで話がややこしくなっているのは、あなたが実のきょうだいであるお兄様と話をしているのではなく、お兄様の配偶者と話をしていることです。お父様の法事のことですから、ごきょうだいで直接相談されるのがよいと思います。

直接話し合って、お兄様が忙しいから妹であるあなたが代わって差配するという結論になっても、法事は特別のことだからお兄様の責任でやることになっても、どちらでもかまわないと思います。長男であるお兄様の責任と決めることも、実家にいるあなたの責任とすることも、どちらも理屈が通るようですが決まっていることではないのです。ご両親のことは子どもにとって共通に責任をもっていると言うことができるでしょう。

遺《のこ》されたお母様の気持ちも考え、きょうだいでそれぞれ仕事を分担して、きちんと法事ができるようにするのがきょうだいお二人の責任であると思います。お兄様の配偶者としては、夫は家を出て、実家のことは妹さんに任せたのだから、実家の面倒まで見られないという気持ちがおありでしょう。

しかし法事は、家のことと言うよりも肉親、家族の問題であると考えるべきです。あくまでごきょうだいで直接話し合いをして、お父様の法事が滞《とどこお》りなく行われるように考えたいものです。かつては葬儀・法事は長男の責任と決まっていましたが、いまの時代は違います。きょうだいが共通して責任を負うべき事柄ではないでしょうか。

第七章

いろいろな疑問 Q&A

Q1

献体はどうするの？

友人から「献体《けんたい》というのをするとお葬式しなくていいそうよ」と聞きました。献体というのはどういうもので、どういう手続きをすればいいのですか？

（70歳女性）

A　まず言っておかなければいけないのは、「献体すればお葬式はいらない」というのは誤解だということです。火葬はしなくてもいいですが、お葬式というのは大きさの大小を別として、遺された人々が死者を弔《とむら》うという行為ですから、誰も身寄りがいない、親しくしている知人や友人もいないなら別ですが、何らかの弔う行為を伴うはずです。

▼献体とは何か

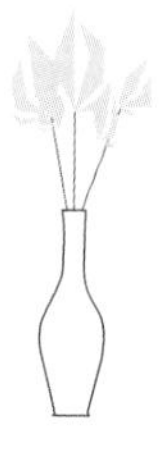

さて、献体ですが、

「医学・歯学の大学における人体解剖学の教育・研究に役立たせるため、自分の遺体を無条件・無報酬《ほうしゅう》で提供すること」

を言います。

つまり、将来医者になる学生等が人体解剖学の実習をする教材に自分の遺体を使ってもらおうとして提供することです。

これは医学教育のためにとても重要なことです。医師等の養成のために献身するという、この主旨を理解し、賛同する人が、自分の自由な意思で登録しておきます。このとき家族のある人は二親等以内の家族の同意を必要とします。

登録の申し込み先は、篤志家《とくしか》団体または近くの各医科大学や歯科大学になります。

▼献体するには

なお、献体の実行は以下のように行われます。

献体登録者が死亡すると、遺族は登録先の大学にできるだけ早く連絡し、遺体の引き渡し手順を打ち合わせします。大学では48時間以内の引き取りを希望しています。別な言い方をすると48

時間はお別れする時間があるということです。

通常であれば、亡くなった日の夜に通夜をし、翌日に葬儀・告別式をし、火葬場に行く代わりに大学からの引き取りの車に乗って大学へ向かいます。

大学では防腐処置を施《ほどこ》され、解剖実習に供され、死後1〜2年後に大学の責任で火葬され、遺骨となって家族の手に返還されます。

遺骨は、引き取り手がいない場合、または希望すれば、大学の慰霊塔《いれいとう》に合祀《ごうし》され、毎年供養のための慰霊祭が行われます。

献体すればお葬式しなくてもいい、お墓がいらないというのは、主旨が違いますから注意しましょう。

《献体についての問い合わせ・申し込み》

（財）日本篤志献体協会　東京都新宿区西新宿3―3―23　ファミール西新宿4階404号室
☎03―3345―8498

Q2

妻に財産をすべて相続させたい

私たち夫婦には子どもがいません。いま住んでいる家以外にこれといった財産はありません。妹がいますが疎遠《そえん》です。私が死ぬと財産の4分の1は妹にいくことになり、妻は家を売り払わなくてはなりません。妻に全財産を相続させたいのですが。（75歳男性）

A

法定相続の場合、相続人が、

①配偶者と子のときは配偶者2分の1、子が2分の1、

②配偶者と親のときは配偶者3分の2、親3分の1、

③配偶者ときょうだいのときは配偶者4分の3、きょうだい4分の1、

となっています。

ここでは③のケースにあたり、何もなければ、あなたの遺産を、奥様が4分の3、妹さんが4

分の1相続することになります。

ただし、あなたが遺言を作り、全財産を妻に相続させるとすれば、妹さんの相続分はなく、奥様がすべて相続できます。

遺言で指定されても法定相続分の2分の1を確保できる「遺留分《いりゅうぶん》」というのがありますが、それは相続人が配偶者、子、親のときにだけ認められており、きょうだいには遺留分が認められていません（ただし、相続人が親のみのときは3分の1）。

遺言には一般に自筆証書遺言と公正証書遺言とがあります。自筆証書遺言は、家庭裁判所で検認を受ける必要があること、書式等で無効になることがあること、信用性等で疑義が出ること等がありますので、公正証書にしておくと、後々の紛争を防ぐことができます。

公正証書は各地の公証役場で作ってもらいます。相談は無料ですから、まずお近くの公証役場にご相談ください。

Q3

自分が認知症になったあとが心配

私は5年前に夫を亡くし、アパートを経営しながら一人暮らしをしています。二人の男の子はそれぞれ別の地で家庭をもっています。最近物忘れも多くなり、この後認知症《にんちしょう》になってしまったらと心配です。子どもたちには迷惑をかけたくありません。（78歳女性）

A
「任意後見《にんいこうけん》」という制度があります。これをご利用なさったらいかがでしょうか。

▼任意後見制度とは

任意後見制度は、本人が判断能力が充分なとき、将来の判断能力の低下に備えて、本人が後見人を選定し、本人の希望する支援内容を定めて公正証書で契約を結んでおく制度です。

あなたが万が一に認知症になり判断力を失ってしまったとき、あなたに代わってアパートの管理をしたり、その収入で老人施設に入る、あるいは社会福祉士に自宅で介助《かいじょ》してもらいながら生活する、ということをあなたの意思で決めておくことができます。

▼後見人について

後見人もあなたが決めておくことができます。もし適当な人が身の回りにいないときには、法律・財産管理のことは司法書士会の「リーガルサポート」に、身上監護《かんご》のことでしたら社会福祉士の「ぱあとなあ」に後見人候補を依頼することができます。

・リーガルサポート（司法書士）☎03―3359―0541
・ぱあとなあ（社会福祉士）☎03―3355―6546

予《あらかじ》め、任意後見の契約を行い、法務局に登記しておきますと、いざあなたが判断能力が充分でなくなったときに、その程度に合わせて、あなたが事前に希望した支援を受けることができます。

また、後見人があなたの意思どおりに正しく支援しているかどうかは、家庭裁判所が定める任意後見監督人が監督してくれます。

▼任意後見の費用について

任意後見に必要な費用は、次のようになっています。

①契約に必要な経費

公正証書作成手数料1万1000円、登記《とうき》嘱託《しょくたく》手数料1400円、登記印紙料4000円、その他用紙代など約6000円。

②報酬（月）

任意後見人の報酬《ほうしゅう》は定まっていませんが、3万円が目安です。任意後見監督人の報酬は家庭裁判所で決めるが任意後見人の報酬を上回ることはありません。

また、葬儀など死後のことについては、委託《いたく》したい人と希望する内容と支払い方法を別に契約を結び公正証書にしておくとよいでしょう。死後のことに関する契約は「生前契約」と一般に言います。

Q4

死者を忘れることが供養？

息子が死んで1年になります。まだ何をする気にもなれず、息子のことを考えると涙がとまりません。しかし先日、ご住職から「親が嘆けば嘆くほど息子さんの罪は重くなり、成仏できません。忘れてあげなさい。忘れてあげることがいちばんの供養《くよう》ですよ」と言われました。そういうものなのでしょうか？

（62歳女性）

A 高名な仏教学者が「仏教の基本的な考え方は、死者について忘れなさいというものですから、私たちが死者を忘れることによって死者は浮かばれるのだと思います」と書いているのを読んだことがあります。

それを読んだ私の感想は、この学者は仏教についての学問的知識はあるかもしれないが、人間を深いところでは理解できていないな、というものでした。

子どもをなくした親がそのことを忘れろと言われて忘れられるものではありません。忘れるということは心の中から排除しようとすることですから、それはむしろ心を傷つける方向に働きます。

仏教の専門家ではありませんから、仏教の教理に立って反論はできませんが、これが仏教の基本的な考え方であるはずがないと思います。

むしろ死者を忘れ、悲しむことをやめるのではなく、悲しむことを大切にすることです。あなたが嘆き悲しむのは、お子さんがそれだけあなたにとって大切な存在だったという愛の証《あか》しなのです。一周忌を迎えてもあなたが何をする気もおきないのは、それだけ息子さんの喪失が大きかったということなのです。早く立ち直ろうとしなくていいのです。

供養するということは、死者を忘れることではなく、亡くなった方が大切な存在であることを自分の中で確認することだと思うのです。

僧侶で歌人の福島泰樹《ふくしまやすき》さんが「人は死んだらどこへゆくのか」と自問し、「そうだ、人は死んだら『ひと』の心の中へ行くのです」と書いています。この言葉は深い意味をもっていると思います。心の中にしっかりと死者を刻み込むこと、これがいま大切なことではないでしょうか。

Q5

「葬式無用」という遺言だが……

父はいま入院中で、もう長くないと医師にも言われています。父は「死んでも葬式しなくてよい。火葬だけでよい」と言っています。子どもとして耐えられません。父の意思は守らなくてはいけないのでしょうか？（52歳女性）

A　お葬式には二つの面があると思います。一つは亡くなった本人が遺《のこ》る人へお別れするという面であり、もう一つは遺された者が死者にお別れするという面です。前者を「死者のため」、後者を「遺された者のため」、あるいは前者を「死者の意思により」、後者を「遺された者の意思により」と言うことができるでしょう。そしてこの二つの面が分かち難くあるのがお葬式です。

本人と遺族の意思が合致していれば問題はありません。本人が「葬式無用」と言い、遺族も葬式するよりも家族だけで静かに送ってあげたいと思うならば、周囲がどう言おうと問題ありません。

しかし、本人は「葬式無用」と思っても、遺族が「しのびないからきちんと葬式してていねいに送ってあげたい」と意思が食い違うこともあります。

法律では、たとえ遺言で葬式のことについて意思表示していても遺族にその意思に拘束される義務はないとしています。どうしても、という場合には、祭祀主宰者《さいししゅさい》に遺族以外の第三者を指定し、その人に死後事務を委任する契約を結んでおけば、本人は意思を貫くことはできます。しかし、通常の家族関係であれば、そこまですることは家族関係を破壊することになりかねません。

最もいいのは、生前に家族でよく話し合って、方法についてお互いに合意しておくことです。それがどのような形であれ、本人の意思と送る者の意思とが合致して行われるのが「いい葬式」であるからです。

不幸にもそういう話し合いの機会を得ず、また充分に意思を統一しておかなかったときは、本人の意思をできるだけ尊重しつつも、遺族の意思で葬式のありようを決定せざるを得ません。

この場合、本人の意思が「葬式無用」なのですから、葬式があまり派手に大げさにならないようには注意すべきでしょう。

Q6

お寺を替えたい

いま檀家《だんか》になっているお寺の住職が気に入りません。何かというと寄付を求めてきます。このお寺にあるお墓を替えたいのですが、どうしたらいいでしょうか？

（54歳男性）

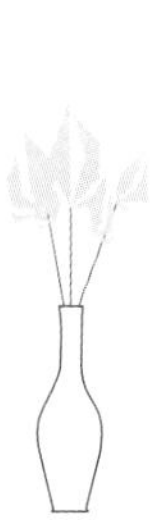

A お寺の墓には両親や祖父母が埋葬されている。自分もこの墓に死後入るつもりだったが、住職が気に入らないので、思いきって寺も墓も替えたい。こうした質問はしばしば寄せられます。

檀家制度は、いまの憲法の「信教の自由」と矛盾するところがあります。檀家制度は個人の信条に無関係に家の宗教となっていますし、憲法は個人の信条の自由を謳《うた》っています。

当然、個人の信条が優先されるので、檀家であることをやめる自由はあるわけです。しかし、そうして替えるとお墓が問題になります。お寺のお墓は檀家用に貸し出されているものですから、檀家であることをやめるとお墓を移さないといけないという事態が発生します。

檀家をやめた場合、お墓は必ず改葬しなければいけないか、というと異論もあります。死者の安寧《あんねい》や供養の権利があり、使用者の同意なしに、寺が強制的に改葬を行うことは難しいからです。

檀家はやめるが墓はそのままにする場合、使用者は最低限守るべきことがあります。それは年間管理料に相当する金額を寺に納付し、寺が合同供養などをその宗派の方法で行うことを妨げないことです。

▼「改葬」について

檀家をやめるということは、二つ意味があります。一つは寺の宗旨から自分の宗旨を自由にすることであり、二つめは寺を支える義務から解放されることです。

しかし、寺と檀家である関係は契約書のような形であるわけではないので、すっぱりといかないのが現状です。檀家をやめるが墓は引き続き使用したいというのは、法理論的には可能であっても、ギクシャクとしたものになりがちです。

そこで、檀家をやめると同時に、墓も移してしまうという解決方法が浮かび上がります。法律的には「改葬《かいそう》」という手続きになります。

まず、改葬先を決める必要があります。これまでと同じ宗派のお寺にするか、あるいは別の宗派のお寺にするか、宗旨の自由な公営墓地や民営墓地にするか。これはあなたの信ずるところによる選択になります。

改葬先がお寺の墓地である場合には、お寺を選び、その住職ともよく話し合って、ここであるならば託せると思われるところを選びましょう。

家族ともよく話し合っておきましょう。あなただけではなく、家族のお墓でもあるからです。また、お墓のありようも考えておきましょう。将来も家族が守っていく形態であるのか、あるいは永代供養墓《えいたいくようぼ》、樹木葬《じゅもくそう》のような跡継《あとつ》ぎを必要としない形態であるのか。

改葬先は慎重に選びましょう。考えるべきことは、ほかにもあります。墓石はどうするのか。いままで使用していた墓石を移動するのか、新しい墓石を作るのか。新しく墓石を作るとすれば、和型なのか、最近人気の高い洋型なのか。墓石に彫る文字はどうするか。従来のように「○○家」と彫るのか、それとも家名の存続にこだわらずに「夢」「偲《しの》ぶ」などの好きな言葉を刻印するか、信条に従い「南無阿弥陀仏《なむあみだぶつ》」「南無妙法蓮華経《なむみょうほうれんげきょう》」などと経文を彫るのか。

▼書類手続きや費用について

改葬先が決まったら、改葬先の墓地の管理者から「受け入れ証明」をもらい、現在の墓地の管理者（お寺の住職）に「埋蔵証明」をしてもらいます。

「埋蔵証明」は一般に自治体に申請する「改葬許可申請書」と一体の用紙になっています。上が改葬許可申請書、下が埋蔵証明書という形です。基本的に遺骨単位でこれを作成する必要があります。

現在のお寺には埋蔵証明をしてもらうわけですから、できるだけ落ち着いた交渉を心がけたいものです。改葬は自由ですから、お寺が埋蔵証明を拒否することはできないのですが、人間対人間の関係なので穏便《おんびん》にしたことはありません。

「改葬許可申請書」は現在の墓のある地の自治体に提出し、得た「改葬許可証」は改葬先の墓地管理者に提出します。

書類だけでは済みません。現在のお寺の墓を原状復帰する必要があります。墓石を撤去し、更地に戻します。墓石業者に依頼しますが、一般に1㎡メートルあたり10万円が目安です。

費用も手続きも大変です。始める前に、いまのお寺の住職とよく話し合ってみて、替えたほうがいいか、よく考えてみることも大切です。

Q7

お坊さんをよぶのは当然？

お葬式には、どうしてもお坊さんを頼まなくてはいけないのでしょうか？　面倒なだけのようですが……。ちなみに母はお坊さんをよぶのは当然という考えです。（33歳女性）

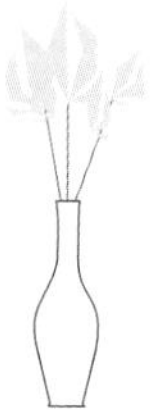

A　お葬式にお坊さんは必要か、ということですが、必要ないとも言えますし、しかし、断言できることではありません。なんとも中途半端な回答ですが、その理由を説明してみましょう。

必要ないというのは、何も葬式は仏教で行わなくてはいけないという決まりはどこにもないからです。データで見れば日本人の89％の人が仏教で葬式をしていますが、各自の信仰、宗派、慣習によってそうなっているだけです。少ないとはいえ神道で葬式する人は3％、キリスト教で葬式する人は2％います。特定の宗教宗派によらないで葬式する人も3％います。また仏教と答えた人の全てがお坊さんに依頼しているわけではありません。創価学会のようにお坊さんを入れない友人葬のような形態もあります。憲法で信教の自由は保障されていますから、葬式をどのようにするかはそれぞれの自由です。

▼宗教儀礼によって、送る人の気持ちに区切りがつく

以上を大前提にしながらも、仏教とは限りませんが、なんらかの形で宗教儀礼を行ったほうがいいように私は思います。

宗教儀礼を行わないと、葬式がしまりのない、緊張感のないものにしばしばなる可能性があるからです。宗教儀礼を伴わないお別れ会が、とかく死者を弔《とむら》っているという共通意識を欠き、単なるパーティになってしまうことがあります。

もう一つは送る人の気持ちです。宗教儀礼を行わない場合、亡くなった人の行方《ゆくえ》、どこに行くのかというわだかまりを抱えてしまうケースが少なくないからです。気持ちに区切りをつけることが難しいという問題があります。

ご家族の気持ちも重要です。お母様はお坊さんをよぶのが当然というお気持ちのようです。そうしたご家族の気持ちをないがしろにするのは疑問です。

世界各地で葬式と宗教は深い結びつきをもってきました。それは理由のあることです。人の死というのが家族に深い嘆きを与えるものであるからです。

人は動物の一種ですから、死ぬ定めにあります。そうは言っても、家族や深い人間関係を結んできた人にとっては死は特別な体験なのです。ですから死別には深い悲嘆が伴います。いのちに真正面から向かい合うのです。いのちの本源を指し示す宗教を必要とすることも人間的にごくごく当然のことなのです。

日本では人の死については長く、深く仏教が関係してきました。これは日本人の精神風土、文化になっています。

生前にはお寺とそれほど深い結びつきがない場合であっても、死ぬとホトケになるという感覚が深く、広く浸透《しんとう》しています。これは強制することではありません。しかし大切にしていいことだろうと思います。

無宗教で葬儀をしてしばらくしてお寺に行って位牌《いはい》を作ってほしいと言う人、散骨した後に死者とのつながりを求めて苦悩する人が少なくありません。葬式をしないことを選択した人がいざ火葬をする段になったらお坊さんにお経をあげてほしいと願い出ることも少なくありません。

理屈の話ではありません。死者と別れ、死者を送るという気持ちの中には深い宗教性、スピリチュアルな部分があるからです。私は葬儀において、こうした素朴な原初的な感情を大切にしていいだろうと思います。

▼宗教的感情は大切にしたい

確かに、いま一般的に行われている仏教の葬式が、そうしたスピリチュアルな働きをしているか、家族の死別の悲嘆に応えるものになっているかどうかは疑問の余地があるでしょう。中には「宗教ではなくビジネスになっている」と思われる僧侶の姿も見受けるし、いかにも他人事のように関わり、緊張感のない読経《どきょう》に思える事例も少なくありません。最も大切な火葬に立ち会わない僧侶もいます。悪い事例は世間にたくさんあることも事実です。

僧侶をはじめ宗教者にはお願いしたい。せめて死者のことを想って儀礼を行ってほしい。遺族の悲しみに深く配慮して儀礼や説教・法話をしてほしい。

しかし、私は問題があるからといって「葬式にお坊さん（宗教者）は不要である」とは断言できません。むしろ、いのちの取り扱いが軽くなっている感がある世の中で、もっと宗教が大切にされていいと思うのです。葬式で宗教がもっと大切に顧《かえり》みられていいと思うのです。

Q8

死に顔を見せたくない

私は自分の死に顔を、家族にも、ましてやお葬式に来た方たちにもお見せしたくありません。皆とは私の元気なときのイメージでお別れしてもらいたいのですが、可能でしょうか？
（75歳女性）

A まず「家族にも見せたくない」というのはできませんし、しないほうがいいでしょう。

あなたは「看取《みと》られる」側ですが、同時にご家族は死を看取る立場にあります。あなたの死を事実として確認しないことには、家族は次のステップに踏み出すことが難しくなります。

「死に顔を見る」というのは、家族の特権なのです。死ぬ側の意思の如何《いかん》にかかわらず、遺《のこ》された者の権利としてあります。

▼家族以外には見せないという選択

ただし、死に顔を家族以外には見せないという選択は可能です。簡単な方法は、死に顔に接しての お別れは家族だけで、とすることです。葬儀社に伝えることによって配慮してくれます。

厳密にやろうとするならば、まず家族だけで密葬《みっそう》をし、火葬にして遺骨にした状態で本葬、告別式あるいはお別れの会をします。遺骨にしてから葬式をするのは東北地方等で見られる方式で、「骨《こつ》葬」と言われます。

「やつれた顔を見られたくない」ということでしたら、技術的に解決する方法もあります。

それは遺体に「エンバーミング」（本書46～50ページ参照）を施《ほどこ》すという方法です。エンバーミングをすることにより、やつれ、目の窪《くぼ》み、頬《ほほ》の落ち込みだけでなく、血色もよく元気だった頃のお顔に修復することが可能です。

ただし、エンバーミングをする場合、ご家族の同意が必要ですので、いまのうちにご家族に相談し、同意を得ておきましょう。また、日本ではエンバーミングの施設が限られていて、地域によってはできないところがあるという残念な事情があります。

▼死は人生の一部。死に顔だって尊い

もう一つ、深く考える必要のある問題があります。

人間はいつまでも若くいられることはできません。いくらアンチエイジングの治療が進んでも、やがて老いて死ぬということは人間の現実です。老いるということは足腰が自由にならない、痛い、頭の回転も悪くなる、病気が多くなる……と悪い方向に考えれば都合が悪いことがたくさんあります。

しかし、いのちというのは現在だけではなく、この世に生を享《う》けてから死に至る暮らしの総体なのです。家族や知り合い、友人とのこれまでの暮らしの全体そのものが尊いのです。

ですから死に顔だって、尊いのだと思いますし、遺《のこ》される人は、死後も、その人の人生を大切な思い出としていくでしょう。

Q9

葬儀の案内が来ない

私の親友が亡くなったようなのです。というのは家族葬だということで、友人の誰にも通知が来ませんでした。何かしたいのですが、どうしたらいいでしょうか？（72歳男性）

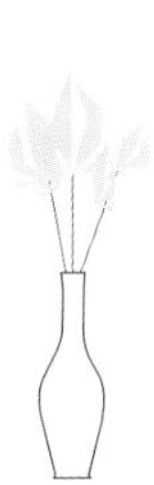

A　最近「家族葬をする」ということで、本人の親友にすら通知しないケースが見られます。

本来「家族葬」というのは、本人と親しかった人を中心にお別れし、送ってあげたい、という趣旨でしょうから、家族だけではなく、本人と親しくしていた人にも案内して行われるのがいいと思います。

しかし、ご家族が長期の看護で疲れていたり、あまりの衝撃で気持ちに余裕がなかったりした場合には、家族以外の人へ配慮する余裕もなく、家族だけで葬式をしてしまうケースがあります。

しかし、このような場合、本人と親しい方々は、お別れする機会がなくなるわけですから、気持ちの整理ができないことがしばしばあります。

親しかった人は、ご遺族が落ち着かれた頃を見計らって、三々五々《さんさんごご》に喪家《そうけ》にお線香をあげさせてもらおうとうかがうことになりますが、こうして訪れる方が多いとご遺族の負担にもなります。ご親友だったとのことですから、その淋しさ、やりきれなさは充分にわかります。私も親友の葬式に訳あって参列できなかったときには辛い想いをしたことがあります。

そこでご親友の立場としては、お花を贈ったり、弔電《ちょうでん》を打つということが常識的に考えられます。でも、想いはそれだけでは充たされないでしょう。

提案としては、ご親友の方数人が発起人になり、偲《しの》ぶ会をなさったらいかがでしょうか。ご遺族にもご相談され、死亡後1ヶ月から1ヶ月半を目処《めど》にして開催されるのがよろしいでしょう。

友人の方の主催ということであれば会費制で行うのもいいでしょう。会費と参加予定人数を提示すれば、葬儀社のほうで予算内であがるよう提案してくれると思います。こういう場合、遺族に負担をかけたくないので、会費で全部まかなえるようにすることがコツです。

ご遺族にお願いして、当日は遺影《いえい》とできれば遺骨をご持参いただくとよいでしょう。友人の皆さんが一人ひとりお別れできるためです。

Q10

一人暮らし、葬式は？

私は、娘が外国暮らしで、一人住まいです。死亡したら、お葬式はどうしたらいいでしょうか？

（72歳女性）

A　いざというときは娘さんが帰国してやってくれるというならばいいのですが、そうでない場合について考えてみましょう。

▼市民団体や葬儀社に相談してみる

葬式をサポートしてくれる市民団体あるいは葬儀社に事情を話して相談してみましょう。

まず、相手先が信頼できるかどうかの確認が必要です。相談してみて信頼できると確認できたら、相手先から葬儀の見積書《みつもりしょ》を受け取り、費用が納得できたら生前契約を締結《ていけつ》しておきます。

また、費用は事前に支払うと、約束が履行《りこう》できない場合に困りますので、約束通りの葬式が行われたら支払われる仕組みにしておきましょう。

遺言で「負担付遺贈《ふたんつきいぞう》」というのがあります。つまり葬儀を契約通りに施行《せこう》してくれたら残した財産から支払うという形式です。

契約先の法人を祭祀主宰者《さいししゅさい》に指定しておきます。本来は娘さんがいいでしょうが、外国で暮らしていて、すぐ戻って来られないとか、葬式の手配等ができないなら、これをやってくれる人を予《あらかじ》め指定しておきます。

できれば祭祀主宰者の指定、負担付遺贈は公正証書遺言にしておき、生前契約も公正証書にしておくとよいでしょう。

▼いつでも連絡をとれるようにする

こういう手当てをしていても、問題は、万が一のときに連絡がきちんとできなくてはいけません。家のわかりやすい場所に契約先の連絡先を記すほか、いつも携帯している免許証や財布にも連絡先を書いた紙を入れておきましょう。

生前契約の中には、どんな葬式をいくらでするか以外に、娘さんへの連絡も入れておきましょう。

娘さんがすぐ帰って来られない場合にはエンバーミングすることによって遺体を衛生的に保全することができますので、そのことも生前契約に入れておくとよいでしょう。

また、娘さんと電話、メール、ファックスで定期的に連絡をとるようにしていて、連絡がないときには娘さんから契約先に連絡する、あるいは契約先と定期的に連絡を取るようにしていると、いざというときの助けになります。

あとがき

人の死と葬送ということは、他人にとってはどうという問題ではないかもしれないが、家族や親しい人間関係にあった者たちにとっては心を激しく揺り動かし、傷つけることもしばしばある大きな出来事である。愛する者との死別がもたらす喪失の大きさが葬送文化の背景にある。

「死」の場所も「葬儀」の場所も古くは住み慣れた自宅であったが、現状では、死は病院等の施設、葬儀は斎場《さいじょう》（葬儀会館）であることが一般的になってきている。

葬儀も場所を自宅から斎場に替えただけではなく、地域の人が送るものであったのから遺族が中心となる個人化が進んでいる。

日本の火葬率は99％で世界一である。土葬を見ることはまずない。日本の火葬率が6割を超えたのは1960年のこと。大正時代までは土葬のほうが一般的であった。昔から火葬が普通と思っている人が多く、確かに5世紀後半から火葬はあったらしいが、一般化したのはそんなに古いことではない。宗派によっては死者に引導を渡すときに松明《たいまつ》を模した棒を振るが、これは火葬時に点火した所作《しょさ》を模したものだろう。土葬の際には鍬《くわ》を振り下ろしたという。

墓もだいぶ様相を変えてきた。明治末期以来浸透した和型三段墓で、家名が記された家墓《いえはか》が中心であったが、形は首都圏では洋型が増え、家名が二つ並ぶ両家墓、家名を彫らず「夢」「偲《しの》ぶ」等と自由な言葉を刻む無家名墓も出ているし、跡継ぎを必要としない永代供養墓《えいたいくようぼ》（合葬《がっそう》式墓地）、

あとがき

樹木葬、さらに墓地を要しない散骨《さんこつ》（自然葬）と多様化した。

そうした変化のもとにあるのは家族像の変化である。別な言い方をするならば「家（イエ）」意識の衰退であり、核家族すらあやしくなってきた。

葬送というのは血縁、地縁によって構成されてきたから地域習俗、生活仏教と深く結びついて特有の文化を形成してきた。わからないときには地域の長老や寺の住職に意見を求めていた。だがいまや葬祭業者の関与が大きいものとなり、その結果、宗教者と葬祭業者の軋轢《あつれき》をうんでいる場合もある。

本書は、葬送のあり方が多様化しているが、どのように多様化しているか、どのように対応すべきかを、できるだけ具体的に説明しようとした。そのためにQ＆Aの形式を取った。事例をあげる形のほうが理解しやすいと思ったからである。記述が重複してもいるが。

葬送というのは慣習もあるが、その基礎にあるのは人の死であり、それによってもたらされる遺族や関係者の悲嘆（グリーフ）であり、死者を想う心である、という原点を忘れては論じることができない。

本書は「実用書」という形態をとっているが、常に原点に立ち戻って考え、回答するよう努めた。そういう意味ではけっしてやさしいわけではない。

本書は実は長い間書き続けたものの一部から成っている。私は約20年前に葬送文化をテーマとした最初の雑誌『ＳＯＧＩ』を創刊し、編集長を務めてきた。しかし専門誌であるため、一般の方の目に届きにくいので、インターネットのホームページで自分の書いた記事の一部を公開してきた。本書の一部はそこで公開しているQ＆Aの中から取っている。また２００７年から日経BP社のインターネット配信の「セカンドステージ」で一般の方向けに葬送に関する情報を発信してきた。ここではその一部も用いた。ここでは意外と葬送に関する事柄は人気がある、つまり関心があることだということを教えられた。また、今回編集の労をとってくださり、発行してくださった大法輪閣の雑誌『大法輪』で求められて書かせていただいた記事も含んでいる。質問の根底には各地の消費生活センター等で講演した際の一般の方からの問いかけがあった。皆さんにお世話になって、いまこの本が形になった。

約20年間、「葬送文化」という分野で、私をジャーナリストとして迎え、認めてくれたのは多くの消費者の方々であり、仏教界を中心とした宗教者の方々、葬祭業の方々、そして新聞、テレビ、ラジオ、雑誌、つまりマスコミの方々であった。いろいろな方々が私に声をかけてくれ、また、それに一つひとつ答えようとしたことが今日の私を作ってきた。

私は、最初は不遜《ふそん》にも葬送の実用書を嫌った時期があった。そこで書かれたものの多くが文化に対する見識もなく、前に書かれたものをなぞるだけで、平気で間違いを垂れ流しているものであったからだ。

だが今は考えを変えた。葬送というのは民衆の死、個々の死に付き添って行われたものであり、そこで形成されたのが葬送文化である以上、その現場に視線を置かないで葬送文化を論ずること

あとがき

こそ不遜だと思ったからである。本書が類書の記載と一致していないのは、過去から現在への変化を見てきた私自身の見解であるからだ。

お断りしなくてはならないのは、日本人の葬送について書く以上、宗教とりわけ仏教の一面に触れざるを得ないので書いたが、私自身が仏教の専門家でもなんでもないということである。仏教や寺については素人同然だった私に多くの仏教者が教えてくださり、また私を彼らの会合に迎え、話す機会を与えてくださった。仏教（と言っても広いが）に関係することで正しい記述は、その方々の教えによるものであり、誤っている記述があればそれは私の知識の不足による。

回答内容については私があくまで責任をもつものであり、違う見解をもたれる方はいるだろう。普遍的に正しいと言い張るつもりはない。だからといって適当に、安易に回答したつもりはない。

本書はいろいろなところに私が書いたものを編集部の佐々木隆友さんはじめ、いろいろな方のお世話になって一冊にまとめられた。当初書き下ろしということであったが、私がさまざまの要因でできなかったのを補ってくれた。深く謝するものである。

私が葬送文化に関係した20年間というのは、日本の葬送が大きく変化した時期に照応している。時代の変化の中で試行錯誤しながら書いてきた。私自身が体験した家族の死も、親戚の死も、友人の死も、確実に本書の一部を構成している。

2009年1月

碑文谷　創

北摂葬祭協同組合……………………… 06－6853－6171
奈良県葬祭業協同組合…………………… 0745－22－8755
きのくに葬祭事業協同組合……………… 0737－52－4242
阪神葬祭事業協同組合…………………… 06－6434－3327
神戸葬祭事業協同組合…………………… 078－851－2392
兵庫県葬祭事業協同組合連合会………… 06－6434－3327
鳥取県葬祭業協同組合…………………… 0859－33－8770
岡山県葬祭事業協同組合………………… 086－224－7131
岡山県霊柩葬祭事業協同組合…………… 086－446－7467
広島県式業協同組合……………………… 082－879－4949
島根県葬祭業協同組合…………………… 0852－25－7971
山口県霊柩葬祭協同組合………………… 0833－44－3147
徳島県中央葬祭業協同組合……………… 088－685－3801
香川県葬祭業協同組合…………………… 087－833－7124
愛媛県葬祭事業協同組合………………… 089－972－3792
高知県葬祭業協同組合…………………… 088－875－7200
福岡県遠賀葬祭業協同組合……………… 093－245－0204
福岡県葬祭業協同組合…………………… 092－918－1555
北九州葬祭業協同組合…………………… 093－761－2612
佐賀県葬祭事業協同組合………………… 0955－73－1122
長崎県葬祭業協同組合…………………… 0956－22－7703
熊本県葬祭事業協同組合………………… 096－382－4242
大分県葬祭業協同組合…………………… 0978－72－1032
宮崎県葬祭事業協同組合………………… 0985－50－5202
鹿児島県葬祭業協同組合………………… 099－261－7420
協同組合　全沖縄葬祭業………………… 098－878－8672

◎医事関係

（社）日本臓器移植ネットワーク ……………03－3502－2071
（財）日本アイバンク協会 ……………………03－3293－6616
日本骨髄バンク…………………………………0120－445－445
（財）日本篤志献体協会 ………………………03－3345－8498

◎その他

日本尊厳死協会…………………………………03－3818－6563
葬送の自由をすすめる会………………………03－5684－2671
仏教情報センター「仏教テレフォン相談」…03－3811－7470
全国優良石材店の会「お墓相談室」…………0120－141－996
日本石材産業協会………………………………03－3251－7671
死別の悲しみ 110番 …………………………03－3225－0755

※この一覧は、全国の主要な葬儀関連団体の連絡先を掲載しておりますが、すべてを網羅するものではありません。また各団体の連絡先は随時変更されることもあります。ご了承下さい。

《巻末付録②》

全国・葬儀に困ったときの連絡先　一覧

◎葬儀業者

全日本葬祭業協同組合連合会	0120－783494
北海道葬祭業協同組合	011－532－5000
青森県葬祭事業協同組合	017－742－1117
岩手県葬祭業協同組合	019－656－0244
宮城県葬祭業協同組合	022－299－3271
秋田県葬祭業協同組合	0187－86－3530
山形県葬祭業協同組合	0237－42－4101
福島県葬祭業協同組合	0248－22－5231
新潟県葬祭業協同組合	025－247－2511
長野県葬祭事業協同組合	0266－82－4000
栃木県葬祭事業協同組合	028－686－3004
群馬葬祭事業協同組合	027－352－2625
埼玉葬祭業協同組合	0493－71－6511
千葉中央葬祭業協同組合	043－224－4454
東京都葬祭業協同組合	03－3941－4291
東武葬祭協同組合	03－3676－4895
山手葬祭協同組合	03－3302－1710
東都聖典協同組合	03－3313－4081
東京多摩葬祭業協同組合	042－525－1230
神奈川県葬祭業協同組合	045－721－8607
山梨県葬祭事業協同組合	0551－22－0135
石川県葬祭業協同組合	076－275－1400
福井県葬祭業協同組合	0776－54－0960
岐阜県葬祭業協同組合	0575－22－3254
名古屋葬祭業協同組合	052－241－0658
愛知県葬祭業協同組合	0586－24－0948
三重県葬祭業協同組合	059－225－6873
滋賀県葬祭事業協同組合	0749－22－5000
京都中央葬祭業協同組合	075－253－0850
大阪葬祭事業協同組合	06－6768－0042
大阪市規格葬儀指定店事業協同組合	06－6779－4017

5□ 帰路の確認（場合によりマイクロバスを運行）

●お礼の挨拶

1□ 宗教者へのお礼と支払

2□ 会社関係へのお礼の挨拶

3□ 近所へのお礼の挨拶（手伝ってくれた場合にはお礼の金品持参）

4□ 手伝ってくれた方、主な来賓者への礼状

5□ 香典返しを三十五日、四十九日などを期して行う場合、香典帳の整理、返礼品の選択、発送依頼、礼状作成

6□ 葬祭業者から請求書を受け、見積書と照合し、その異同を確認し、支払

●死後の諸手続き

1□ 役所への手続き

2□ 勤務先への手続き

3□ 税理士などに依頼して財産関係の整理を行い、遺産分割協議を行い、手続きを行う（確定申告も）

4□ 地主、電力会社、陸運局、電話局などへ名義変更の手続き

5□ 保険会社への請求・手続き

6□ その他必要な手続き

●追悼儀礼

1□ 四十九日（五十日祭）、百箇日、一周忌などの追悼儀礼を行うか、行う場合には招待者、方法、場所の準備

2□ 納骨（散骨）の日時、方法を確認

2 □ 着替えする衣服の準備

●通夜
1 □ 案内板、案内標示の確認
2 □ 案内の役割確認
3 □ 駐車スペースの準備、道路使用するときは警察への届出
4 □ 自宅で行う場合、近所への挨拶
5 □ 受付役の確認
6 □ 一時預かりの確認
7 □ 式場内への案内の方法を確認
8 □ 通夜振る舞い、返礼品の扱いを確認
9 □ 宗教者の案内、接待の確認
10 □ 高齢者などの会葬者の案内の確認
11 □ 終了時刻の確認
12 □ 遺体の見守りの確認
13 □ 火の元の確認
14 □ 会葬者名簿、香典の確認
15 □ 身体的・精神的に不調な人がいないか

●葬儀・告別式
1 □ 案内・受付・接待役の確認
2 □ 宗教者の案内、接待の確認
3 □ 返礼品の扱いの確認
4 □ 親戚、来賓の接待の確認
5 □ 必要な食事の手配
6 □ 火葬場同行者の確認と乗車の確認
7 □ 遺族代表挨拶者の確認
8 □ 会葬者への挨拶方法の確認
9 □ 当日支払うべきものの確認と準備
10 □ 火葬許可証の持参
11 □ 分骨するときはその確認
12 □ 会葬者名簿、香典の確認

●会食（精進落とし）
1 □ 料理・飲み物の確認
2 □ 挨拶、献杯者の確認
3 □ 会食の持ち方の確認
4 □ 返礼品の確認（火葬場同行者には渡していない可能性がある）

10 □ 通夜の遺体のお守り
11 □ 会葬礼状の種類、単価、予測数量
12 □ 会場使用料
13 □ テントなど用意が必要か
14 □ 受付道具の確認
15 □ 食器、座布団などの追加の必要
16 □ 霊柩車の種類と金額
17 □ マイクロバス、ハイヤーの必要性と必要な場合の台数と金額
18 □ 供花、供物の依頼数、単価
19 □ 会葬者への返礼品の有無とする場合の品物、単価、予測数量
20 □ 香典返しを当日行うか、行う場合には品物、単価、予測数量
21 □ 初七日法要を行うか
22 □ 葬儀後の会食（精進落とし）を行うか、行う場合にはどの範囲の人を招くか、料理・飲み物の単価、予測数量、会場費用
23 □ その他必要なもの、あるいは不要なものがないか
24 □ 葬祭業者からくる人数と仕事の範囲の確認
25 □ 手伝いの人を依頼するか、依頼するとしたら人数、お礼の相場の確認
26 □ 火葬場の控室の大きさ、料金の確認
27 □ 火葬場の確認と火葬料の確認
28 □ 骨壺の選択と料金（分骨も）
29 □ 火葬場での待機で茶菓を用意するか
30 □ 心付けの必要性の確認と出す場合には範囲、金額、数量
31 □ 返礼品など人数確定しないものの返品の可否、追加の方法を確認
32 □ 詳細な見積書を得る
33 □ 見積書の内容の確認を行い、割引システムの有無、支払方法も確認し、発注書に署名・押印する
34 □ 以後の追加、変更は責任者の了解を得て行うことを確認

●宗教者との打ち合わせ

1 □ 葬儀の希望を話す
2 □ 儀礼内容の説明を受ける
3 □ 戒名（法名）について打ち合わせる
4 □ お礼をどうするか、支払方法を確認する
5 □ 葬儀の仕方で指導を受けるべきところを確認する

●納棺

1 □ 集う近親者の確認

44 □ 通夜には宴会をしてほしい
45 □ 供花（生花・花環）はもらいたい
46 □ 香典はいらない
47 □ 香典返しは不要だと思う
48 □ 香典返しに使ってほしいものがある
49 □ 弔辞をよんでほしい人がいる
50 □ 死・葬儀の通知は不要と思っている
51 □ たくさん会葬者がいるといいと思う
52 □ 祭壇には希望がある
53 □ 心のこもった葬儀がいい
54 □ 葬儀はできるだけ簡単にしたい
55 □ 明るい葬儀にしてほしい
56 □ 自分の希望する衣服で納棺されたい
57 □ 恥ずかしくない葬儀をしてほしい
58 □ 葬儀では義理が大切だと思う
59 □ ホテルでの葬儀もいいと思う
60 □ 家族より友人中心にしたい
61 □ 家・親戚は大切だと思う

●遺体の安置

1 □ 遺体の安置場所は
2 □ 宗教・宗派はどうするか
3 □ 死亡の連絡は
4 □ とりあえずの費用の準備
5 □ 葬祭業者に依頼
6 □ 死亡届、火葬許可申請書

●見積

1 □ 遺体処置はどのようにするか
2 □ 棺はどのようなものに
3 □ 納棺の際に着せてあげたい衣服は
4 □ 通夜はどのような性格にするか
5 □ 祭壇は用意するか、用意する場合にはどのようなものに
6 □ 式場内装飾はどうするか
7 □ 門前装飾を行うか
8 □ 通夜振る舞いを行うか、行う場合には人数予測、料理・飲み物の単価
9 □ 通夜の返礼品は別に出すか、出す場合には品物、単価、予測数量

6 □ 葬儀に来てほしくない人がいる
7 □ 葬儀の宗教・宗派を決めている
8 □ 葬儀で頼む寺院・教会・神社がある
9 □ 葬儀は無宗教でしたい
10 □ 戒名（法名）は既にもらっている
11 □ 戒名（法名）に希望がある
12 □ 戒名（法名）はいらない
13 □ 戒名（法名）に院号はほしい
14 □ 戒名（法名）に院号はいらない
15 □ 個性的な葬儀をしたい
16 □ 葬儀でしてほしいことがある
17 □ 葬儀でしてほしくないものがある
18 □ 葬儀の希望を家族に伝えてある
19 □ 葬儀の生前契約を結んでいる
20 □ 葬儀は家族に任せる
21 □ 葬儀の連絡先名簿を作っている
22 □ 葬儀の費用準備をしている
23 □ 依頼する葬祭業者を決めている
24 □ 自宅で葬儀をしてほしい
25 □ 葬儀は寺院・教会がいい
26 □ 葬儀は専門式場（斎場）がいい
27 □ 葬儀で使ってほしい音楽・歌がある
28 □ 葬儀で使ってほしい花がある
29 □ 葬儀で自分のメッセージを流したい
30 □ 柩の中に入れてほしいものがある
31 □ 死顔を他人に見せたくない
32 □ きれいな死顔を見せたい
33 □ 密葬—お別れ会方式がいい
34 □ 葬儀は会社の人に手伝ってほしい
35 □ 葬儀は近所の人に手伝ってほしい
36 □ 葬儀には親戚に集まってほしい
37 □ お別れの仕方は焼香がいい
38 □ お別れの仕方は献花がいい
39 □ お別れの仕方は玉串奉奠がいい
40 □ 遺影写真に使いたい写真がある
41 □ 生前のいろいろな写真を展示したい
42 □ 自分の作品を展示したい
43 □ 通夜では宴会をしたくない

《巻末付録①》

家族の死・葬儀の準備のためのチェックシート

注意したい項目を列挙しています。生前に本人とよく話し合っておくことで、本人の意思を尊重した死の迎え方や葬儀を執り行うことができます。
□欄にチェック印を書き入れて使用して下さい。

●臨終の床で

1□ 本人の死に臨む意思を知っているか
2□ 本人に会わせたい人はいないか
3□ 医師には最期まで生かせる努力をしてほしいか
4□ 尊厳ある生き方を全うさせたいか
5□ 最期に話を聞いておきたいことは
6□ 最期に話をしておきたいことは
7□ 本人の好きな音楽を聞かせたいか
8□ 医師に正確な病状をたずねたか
9□ 立ち会ってもらいたい宗教者は
10□ どんな最期を迎えさせたいか
11□ 臓器移植意思カードをもっているか

●死の宣告を下されたら

1□ 病理解剖を承諾するか
2□ 着替える服の用意をしているか
3□ 緊急に連絡すべきところは
4□ 死亡診断書の受け取り
5□ 遺体をどこに搬送するか
6□ 遺体搬送の依頼先は
7□ 宗教者への連絡は
8□ 遺体搬送先の準備は
9□ 医師からの詳しい報告は
10□ 医療関係者への挨拶は
11□ 献体、アイバンクに登録しているか

●葬儀について

1□ 葬儀は近親者だけで
2□ 葬儀は普通のやり方で
3□ 葬儀は立派に
4□ 葬儀はしなくてもよい
5□ 葬儀に来てほしい人がいる

碑文谷　創（ひもんや・はじめ）

1946 年岩手県生まれ。東京神学大学大学院修士課程中退。
出版社勤務の後、1990 年表現文化社（当時・表現社）設立。雑誌『SOGI』編集長を務めるかたわら、死や葬送関係に関する評論ならびに講演活動をテレビ・新聞・雑誌等で展開。
著書に『新・お葬式の作法～遺族になるということ～』（平凡社新書）、『死に方を忘れた日本人』（大東出版社）、『葬儀概論』（表現文化社）、『「お葬式」の学び方』（講談社）ほか。監修『お葬式』『自分らしい葬儀』『冠婚葬祭暮らしの便利事典』（以上・小学館）ほか。共著『仏教再生への道すじ』（勉誠出版）ほか。
ホームページ　http://www.sogi.co.jp/

Q＆Aでわかる　**葬儀・お墓で困らない本**

平成 21 年 3 月 10 日　第 1 刷発行 ©

著　者　碑文谷　創
発行人　石原　大道
印刷所　三協美術印刷株式会社
製　本　株式会社　越後堂製本
発行所　有限会社　大法輪閣
東京都渋谷区東 2－5－36　大泉ビル 2F
TEL　(03) 5466-1401（代表）
振替　00130-8-19 番

ISBN978-4-8046-1282-9　C0015　Printed in Japan